대한민국 국격을 생각한다

대한민국 국격을 생각한다

초판 1쇄 발행 | 2010년 11월 25일
초판 3쇄 발행 | 2014년 7월 7일

지은이 | 이어령 외 33인
펴낸이 | 이성수
주간 | 박상두
편집 | 황영선, 이홍우, 박현지
마케팅 | 이현숙, 이경은
제작 | 박홍준

펴낸곳 | 올림
주소 | 110-999 서울시 종로구 신문로1가 163 광화문오피시아 1810호
등록 | 2000년 3월 30일 제300-2000-192호(구:제20-183호)
전화 | 02-720-3131
팩스 | 02-720-3191
이메일 | pom4u@naver.com
홈페이지 | http://cafe.naver.com/ollimbooks

값 | 13,000원
ISBN | 978-89-93027-20-4 03300

사람은 인격으로 완성되고
국가는 국격으로 완성된다

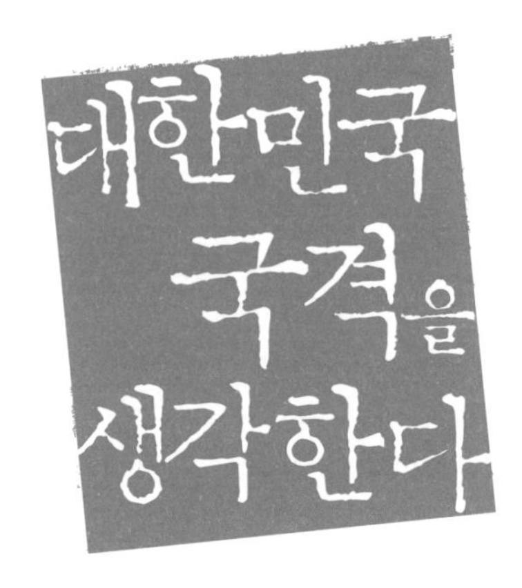

대한민국 국격을 생각한다

이어령 외 33인

■책을 펴내며■

왜 지금 국격을 이야기하는가

요즘 국격에 대한 논의가 활발하다. 국격이란 간단히 말하면 국가의 품격이다. 어떤 나라가 격이 높은 나라일까. 존경받는 나라? 베푸는 나라? 차별 없는 나라? 문화의 깊이가 있는 나라? 국민이 공중도덕과 예의를 잘 지키는 나라? 물론 다 맞는 이야기다. 그러나 지나친 단순화라는 위험을 무릅쓰고 이야기하자면, 무엇보다도 그 나라의 국민이 행복하고, 다른 나라 사람들이 가서 살고 싶어하는 나라, 바로 그런 나라가 좋은 나라, 품격 있는 나라가 아닐까.

우리나라의 현주소는 어디쯤일까. 경제가 발전하는 만큼 국민의 행복지수도 따라서 높아지고 있다고 과연 자신 있게 말할 수 있을까. 부끄럽게도 우리는 자살률, 이혼율, 교통사고 사망률 등 여러 분야에서 세계 최고 수준을 기록하고 있다. 누가 이런 나라에서 살면서 아이를 낳아 키우고 싶겠는가. OECD 국가 중 출산율이 제일 낮은 현재의 상황이 지속된다면 2100년경에는 인구가 현재의 반으로 준다고 한다. 국가의 품격은 고사하고 국가의 존립조차 위협받는 상황이 아닌가.

이 책은 이제 우리도 국격이란 무엇인가, 국격을 높이려면 어떻게 해야 하는가 하는 문제를 좀 더 진지하게 논의해볼 필요가 있다는 각성에서 출발했다. 많은 분들이 이러한 취지에 공감하고 바쁜 시간을 쪼개 흔쾌히 집필 의뢰에 응해주셨다. 깊이 머리 숙여 감사드린다.

꼭 다루어야 할 주제를 빠짐없이 다루지 못한 아쉬움이 남지만, 이 책을 시발점으로 좀 더 다양한 논의가 이루어지기를 바란다.

2010. 11
올림 편집부

차 례

2 국가의 품격은 어떻게 완성되는가

1

존경받는 나라는 어떤 나라인가

국격은 멀리 있지 않다

이어령 중앙일보 고문

사람에게 인격이 있듯이 나라에는 국격國格, 즉 국가의 품격이 있다. 그간 우리는 경제 성장을 위해 숨 가쁘게 달려왔다. 이제는 잠시 성장 제일주의에서 벗어나 우리가 걸어온 과정을 되돌아보고 현재의 모습을 반추하며, 앞으로 나아갈 길을 새롭게 모색하는 성찰의 시간을 가져야 할 때다. 이는 한국인으로서의 정체성을 스스로 확인하고 보다 성숙한 개인으로, 진정한 일류국가로 거듭나기 위해 꼭 필요한 일이다. 다시 말해서 우리도 이제 국격을 생각할 때가 되었다는 말이다.

우리는 세계 역사상 유례를 찾아볼 수 없을 정도로 짧은 기간 안에 산업화와 민주화를 이루어냈다. 세계 13위의 경제 규모를 자랑하고 1인당 국민소득 2만 달러를 돌파하게 되었다. 억압의 군사정권을 지나 국민의 뜻으로 무엇이든 해낼 수 있다는 자신감도 생겼다. 하지만 그 과정에서 잃은 것도 적지 않다. 우리는 가난해도 '격'이 있었다. 그런데 경제적 부를 얻은 대신 우리 고유의 격을 잃고 말았다. 돈만 알고 격에 신경 쓰지 않다 보니 어느새 '천격 자본주의'가 팽배해진 탓이다. 또 우리는 민주화를 거치면서 권위주의를 타파하는 대신 '권위'를 상실했다. 어른의 말씀에 귀를 기울이지 않고 지도자의 약속을 믿으려 하지 않는 사회가 되었다. 가난했지만 소중히 지켜온 정신과 가치가 사라졌기 때문이다.

우리 국격의 현주소는 어디쯤인가

대학의 졸업식은 우리 사회의 격이 어느 수준인지, 왜 그런지를 아주 잘 보여주는 곳이다. 우리의 모습은 어떤가? 대학들 가운데 졸업식을 제대로 치르는 곳이 거의 없다고 해도 좋을 정도다. 총장이 연설을 해도 졸업생들은 저희들끼리 왁자지껄 떠들고, 금세 빠져나가고… 한마디로 난장판이다. 외국의 대학들에서는 볼 수 없는 풍경이다. 미국 버클리대학의 졸업식만 해도 그렇다. 총장이 졸업생 이름을 하나하나 불러주면서 졸업장을 수여한다. 자유분방한 젊은이들이지만 이날만큼은 엄숙하고 질서 있는 지적 분위기 속에서 함께 졸업식을 치른다. 바로 이런 것이 미국을 지탱하는 힘 아닐까? 이와 반대로 4년을 배우고 나가는 졸업식에서조차 격을 찾아볼 수 없다면 그 사회에 격이 생길 리는 만무하다.

어찌하면 좋을까? 떨어진 우리의 격을 회복하고 국격을 높이는 길은 어디에 있을까? 사람들은 국격이라고 하면 흔히 거창한 무언가를 떠올리려고 한다. 자꾸만 추상적으로 접근하려 드는 경향을 보인다. 하지만 국격은 결코 그런 것이 아니다. 국민 한 사람 한 사람의 마음가짐과 작은 실천으로부터 국격은 오롯이 피어난다.

우선은 우리 안의 '천격賤格'을 걷어내는 일부터 시작해야 한다. 아직도 우리나라 지도층 인사 중에는 명함을 건넬 때 돈다발을 세듯 침을 묻히는 사람이 있다. 윗호주머니에서 이쑤시개를 꺼내 보란 듯이 이를 쑤시고 다니는 해외여행객들이 아직도 허다하다. 같은 한국인들끼리라면 조금은 이해할 수 있지 몰라도 외국인들에게는 천격으로 보일 수밖에 없는 행동이다. 100개 정도의 가이드라인을 설정하여 '이것만은 없애자'는 실천운동을 지속적으로 펴나가면 어떨까? 작지만 의미 있는 일상생활의 변화를 통해 천격이 물러가고 국격이 세워질 것이다.

가장 중요한 것은 한국적 조화와 융합에 힘쓰는 일이다. 디지털 시대라고 해서 디지털로만 가면 안 된다. 아날로그와 디지털이 합쳐진 '디지로그'로 가야 한다. 그것이 한국적인 것이다. 지붕을 보라. 중국은 거의 수키와 위주로 되어 있고 일본은 암키와만 있다. 그에 비해 우리는 암키와와 수키와가 고루 조화를 이룬다. 한국다운 멋과 정서란 이런 것이다. G20 정상회의처럼 해외 국빈들이 대거 우리나라를 찾을 때도 한국적 특색을 감안하여 회의장을 조화롭고 품위 있게 만들

수 있어야 한다. 이를테면 왕족들이 사용한 것과 같은 아주 고상한 의자를 준비하되 첨단기능을 갖추게 함으로써 오토매틱 버튼을 누르면 앉는 사람의 키와 몸무게에 맞게 의자가 자동으로 조절되게 하는 식이다. 그러면 그들이 '아, 한국은 고상하구나. 격이 있구나' 하면서 동시에 '첨단기술도 뛰어나구나' 생각할 것이다. 바로 이런 데서 한국 문화의 눈높이와 품격이 결정되고 국격을 견인하는 '감동'이 일어난다. 국격은 이처럼 작은 데서 싹트지만 깊고 강한 울림을 남긴다.

국격은 인위적이지 않고 자연스럽게 몸에 배어 있는 문화이자 보이지 않는 국가의 혼이다. 있어야 할 자리에 있어야 격이 있다. 밥풀이 그릇 위에 있으면 보기 좋지만 코끝에 있다고 생각해보라.

국격은 다른 사람이 나를 존중해주고, 외국인이 우리 한국에서 살고 싶어하고, 어디를 가든 한국인과 동행하는 것을 자랑으로 여길 때 절로 생겨난다. 또 그렇게 생각하는 외국인이 많아지면 그것으로 높아진다. 국격은 만들어지는 게 아니라 어우러지는 것이다.

이어령 1934년 충남 온양 출생. 서울대 문리대를 졸업하고 동 대학원에서 문학박사 학위를 받았다. 1956년 문학학술지를 통해 문학평론가로 데뷔했으며, 서울신문 논설위원으로 출발하여 「문학사상」 주간을 맡을 때까지 「한국일보」「중앙일보」「조선일보」 등의 논설위원으로, 명 칼럼니스트로 활약했다. 이화여대에서 30여 년간 교수로 재직하면서 일본 도쿄대 객원연구원, 국제일본문화연구소 객원교수를 지냈고, 88서울올림픽 개·폐회식을 총괄하고 대전엑스포의 문화행사를 주관하기도 했다. 초대 문화부장관을 역임했다.
대한민국 문화예술상, 일본 문화디자인상, 대한민국 맹호훈장, 대한민국 예술원상, 삼일문화예술상 등을 수상했고, 현재 이화여대 명예 석좌교수와 중앙일보 상임고문을 맡고 있다.
저서로 『지성에서 영성으로』『젊음의 탄생』『디지로그』『축소 지향의 일본인』『흙 속에 저 바람 속에』『한국과 한국인』 등이 있다

이 나라에 국혼이 있는가

박세일 서울대 국제대학원 교수

우리 사회 곳곳에서 우리나라의 국격을 높이자는 이야기가 나오고 있다. 천만 번 지당한 말이다. 그런데 국격을 논하기 전에 '과연 이 나라에 국혼國魂은 있는가?'부터 묻고 싶다. 이 나라 지도자들은 위민爲民과 선공후사先公後私의 정신을 가지고 나라를 이끌고 있는가? 지식인들은 올곧은 선비정신을 가지고 사회의 정론과 공론을 세우고 있는가? 기업인들은 사업보국事業報國의 일념을 가지고 뛰고 있는가? 우리 국민 모두는 나라와 겨레, 역사와 국토에 대한 넘치는 자부심과 사랑의 마음을 가지고 있는가? 그래서 이 땅의 국가 기백이 하늘로 치솟고 민족정기가 추상같이 살아 있는가?

국혼을 살리려면 우선 두 가지를 살려내야 한다. 하나는 '자주독립의 주인정신'이고 다른 하나는 '애국애족의 마음'이다. 지도자와 국민들에게 자주독립의 주인의식과 애국애족의 마음이 없으면 그 나라는 이미 혼을 잃고 정신을 빼앗긴 나라가 된다.

왜 미국·중국 찾아가 우리의 통일방안을 묻는가

지난 60년간 우리나라에서 자주와 독립의 정신이 강해졌는가, 아니면 약해졌는가? 내가 보기에는 약해져왔다. 사대주의事大主義적 사고가 더 많아졌다. 지금 이 나라의 정치 지도자들과 학자들이 미국과 중국에 가서 한반도의 통일에 대하여 미국과 중국은 어떻게 생각하는가 하는 질문을 많이 하고 다닌다. 이것이 제정신 있는 질문인가? 한반도의 통일이 누구의 문제인가? 그들의 문제가 아니라 우리의 문제이다. 그렇다면 왜 그들에게 가서 우리 통일에 대한 찬반을 묻는가? 찬성하면 통일하고 반대하면 안 하겠다는 말인가?

미국과 중국이 한반도 통일문제에 영향력을 갖고 있는 것은 사실이다. 우리가 그들의 생각을 알고 그들을 통일 방해세력이 아닌 통일 우호세력으로 만들어가는 것은 물론 중요한 일이다. 그러나 일부의 행태를 보면 아예 이 민족적·국가적 과제를 미국과 중국에 맡겨버린 듯한 자세다. 혼이 없다고 할 수밖에 없다.

한반도의 당당한 주인으로서 왜 우리의 통일 의지와 추진 전략을 밝히고 그들에게 우리 통일에 협조할 것을 요구하지 않는가. 왜 분단이 아니라 통일이 동아시아의 평화와 발전의 필수조건임을 주장하고 미국과 중국에도 이익이 됨을 설득하지 않는가. 한마디로 이 땅에 주인은 없고 객客들만 들끓고 있기 때문이다. 신채호 선생께서 말씀하신 '형식적 국가'는 커졌으나 '정신적 국가'는 약해졌기 때문이다.

왜 기성세대들은 솔선수범하지 않는가

지난 60년간 우리 사회에서 애국애족의 마음이 더 많아졌는가, 아니면 적어졌는가? 내가 보기에는 적어졌다. 우리 사회의 기성세대들은 애국심에서 솔선수범을 보이지 않고 있다. 돈, 권력, 지식을 가질수록 오히려 극단적 개인주의나 웰빙주의가 늘어나고 있다.

또한 우리는 차세대 청소년들에게 올바른 역사교육을 하지 않고 있다. 본래 애국심은 나라 역사에 대한 자긍심과 자부심에서 오고 이는 올바른 역사교육에서 나온다. 그런데 오늘 우리 학교에서는 대한민국의 역사를 비하하고 공격하는 좌파적 역사교육이 공공연히 이루어지고 있다. 대한민국의 역사는 외세 지배와 반反민족의 역사라고, 정의가 실패하고 기회주의가 득세한 역사라고 가르치면서 어떻게 이들 차세대 지도자들에게 자주의 정신과 애국의 마음을 기대할 수 있겠는가.

이 나라에 애국애족의 마음이 조금이라도 있다면 우리 사회가 어떻게 오늘날 북한 동포의 고통을 이토록 철저히 외면할 수 있는가. 보수주의자들은 통일의 비용이 두려워, 그리고 진보주의자들은 평화를 내

세워 통일을 피하고 있다. 왜 보수는 통일의 가치와 이익은 보지 않는가. 통일이 이 나라를 두 배, 세 배로 키울 활로를 제공할 것이라는 사실을 왜 보지 않는가. 왜 진보는 분단 위의 평화가 북한 동포에게는 끝없는 고통이라는 사실을 애써 외면하는가.

국혼이 살아야 국격이 오른다

국격은 중요하다. 그러나 국격은 이미지나 이벤트로, 혹은 선전과 홍보로 높아지는 것이 아니다. 국격을 높이려면 국혼이 먼저 살아나야 한다. 자주독립의 주인된 통일정신과 애국애족의 마음이 살아나야 한다. 그리고 우리 스스로에게 정직하게 물어야 한다. 통일을 못 이룬 분단국가가 과연 통일 이전에 진정한 국격을 가질 수 있는가?

박세일 1948년 서울 출생. 서울대 법대를 졸업하고 미국 코넬대에서 경제학 박사학위를 취득했다. 서울대 법대 교수, 대통령비서실 정책기획수석비서관, 국회의원, 한나라당 정책위원장 등을 역임했다. 현재 서울대 국제대학원 교수로 재직 중이며, 한반도선진화재단과 안민정책포럼 이사장을 맡고 있다. 자신의 학문과 현실정치의 접목을 활발히 시도하고 있다.
저서로 『창조적 세계화론』 『대한민국 국가전략』 『대한민국 선진화전략』 『법경제학』 『공동체 자유주의』(공저) 『선진화혁명 지금이 마지막 기회』(공저) 『21세기 대한민국 선진화 4대전략』(공저) 『정치개혁의 성공조건』(공저) 『Managing Education Reform』 『Reforming Labor Management Relations』 등이, 역서로 『도덕감정론』 등이 있다. 이 글은 필자가 조선일보(2010. 1. 29)에 기고한 칼럼을 일부 수정, 재수록한 것이다.

존경받는 나라는 어떤 나라인가

한승주 전 외무부장관

국격이라는 말에는 몇 가지 피할 수 없는 아이러니가 따른다. 그중 가장 큰 아이러니는 국격을 높이자고 역설하는 것 자체가 국격이 높지 못한 것에 대한 자격지심의 표현이요, 외부 사람들에게도 국격이 떨어지는 데서 오는 보충심리의 결과로 비쳐질 가능성이 있다는 것이다. 실체 없는 허언虛言으로 평가될 소지가 있다는 말이다. 이를테면 어느 개인이 "나는 이제부터 나의 인격을 제고하겠소" "내가 이러이러한 조치를 취할 터이니 나의 인격을 알아주시오"라고 한들 그것이 그 사람의 인격을 더 높게 평가해줄 근거가 될 수 있겠느냐 하는 문제가 있다.

국격에 따르는 또 하나의 아이러니는 국격 높이기의 필요성을 강조하는 것이 비록 스스로 국격의 결핍을 드러내는 행위이기는 하지만, 그것이 그 나라의 품격 고양을 포함한 전반적인 사회 발전에 도움이 되는 것 또한 사실이라는 점이다. 즉 국격을 강조하는 과정에서 사회질서가 더 잘 정립될 수 있고, 경제력의 증강을 도모할 수 있고, 전반적인 문화수준도 고양될 수 있고, 외교적 활동과 능력도 배가될 수 있다.

국격에 관한 논의와 국격 제고를 위해 노력하는 과정에서 이와 같은 아이러니가 생기는 이유는 뭘까? 우선 국격을 어떻게 정의하건 간에 국격에는 내실이라는 측면이 있는 반면에 외형적인 측면, 즉 외부에 비치는 이미지라는 측면도 존재하기 때문이다. 게다가 국가의 구성원들이 느끼는 국격과 외국인이 바라보는 국격에도 차이가 나게 마련이다.

우리는 우리나라가 유엔UN사무총장을 배출하고 G20 정상회의 의장국이 됨으로써 국격이 크게 향상되었다고 자부할 수 있다. 그러나 그만큼 내실이 강화되었는지, 외국인들도 그렇게 생각하는지는 별개의 문제다. 과거에 유엔 사무총장을 배출한 노르웨이, 스웨덴, 미얀마, 오스트리아, 페루, 이집트, 가나 같은 국가들만 보더라도 그로 인해 국격이 크게 상승되었다고 주장하는 사람은 별로 없다. G20 정상회의를 주최하는 나라가 된 것도 우리나라의 경제력을 인정받은 증거는 되겠으나, 주최한다는 사실만으로 주최국이 되지 못한 대부분의 참가국보다 국격이 높다거나 높아질 것이라고 다른 나라들이 알아주

리라는 보장이 없다. 그렇다면 명실상부한 국격 제고는 어떻게 가능한 것일까?

세계주의적 사고와 박애주의적 행동

우리가 국격을 제고하기 위해 강구할 수 있는 방법 중 하나는 모범을 세우고 그것을 따르는 것이다. 평가기준에 얽매이지 말고 세계의 여러 나라들 가운데 국격이 높다고 생각되는 나라들을 선정하여, 그들은 가지고 있는데 우리에게는 없거나 부족한 점들을 확인하고 보충하는 작업을 충실히 이행하는 것이다.

세계를 둘러보았을 때 벤치마킹하고 싶을 정도로 국격 면에서 모범을 보이는 나라가 있는가? 그들은 어떤 나라들인가? 강대국인가, 중소국인가? 경제대국인가, 군사대국인가? 상업국가인가, 문화국가인가? 중립국인가, 동맹세력인가? 자신만의 실속만 차리는 나라인가, 세계의 평화와 복지 발전에 이바지하는 나라인가?

이렇게 따져 보면 세계에서 본받을 만큼 국격 높은 나라를 찾는 일도 쉽지 않다. 이는 우리 주변에서 인격 높은 사람을 찾아보기 어려운 것과 같은 이치다. 그래도 구태여 국격 높은 나라를 꼽으라고 한다면 나는 스웨덴, 노르웨이, 그리고 캐나다를 선택할 것이다. 그 이유는 이들 나라가 부유한 나라여서도 아니요, 군사대국이어서도 아니다. 자기네들이 국격을 높이겠다고 나서거나 자국의 국격을 뽐내서는 더 더욱 아니다.

스칸디나비아의 두 나라 스웨덴과 노르웨이는 대외원조에서 선진국이 합의한 GNP의 0.7%를 훨씬 넘는 1.2% 정도를 매년 지원한다. 지원 규모도 대단하지만, 다른 나라들과 달리 '조건 없이, 생색내지 않고' 다자기구를 통해 지원한다는 면에서 더욱 주목을 받는다. 팔레스타인이나 북한처럼 곤경에 처한 나라들에 대한 국제적 지원 운동이 있을 때는 어김없이 이들 두 나라가 큰 몫을 담당하겠다고 나선다. 심지어 노르웨이는 대아시아 경제협력에 경험이 있다는 이유만으로 미국 기관인 아시아재단을 통해 아시아에 원조를 제공하는 지혜와 여유를 보여준다. 원조하면서 그에 대한 반대급부로 자국의 물품과 서비스 구매 등을 조건으로 내세우는 등 생색을 내는 여타의 다른 나라들과 크게 대조되는 모습이다.

캐나다는 유엔 등을 통한 세계의 평화유지 활동, 민주주의와 인권 진작 운동, 국제기구의 활성화, 세계 환경보호 등에 가장 적극적으로 참여하는 나라 가운데 하나다. 1950년 6월 북한이 남한을 침공했을 때, 유엔군의 일원으로 한국전에 참여하는 문제를 놓고 캐나다에서 찬반논쟁이 불붙었다. 이때 캐나다가 참전하기로 결정한 가장 큰 이유도 자국의 이해관계가 아니었다는 연구보고가 있다. 발족한 지 얼마 안 되는 유엔이라는 집단안전체제의 수립과 유지를 위한 결단이었다는 것이다. 스웨덴, 노르웨이와 함께 캐나다도 이상주의를 현실주의에 접목하여 세계의 평화와 번영, 그리고 정의에 이바지하겠다는 노력을 경주하는 나라임을 알 수 있다.

스웨덴, 노르웨이, 캐나다. 그들은 세계주의적 사고와 박애주의적 행동을 실천적으로 보여주었다. 그것이 이들 나라에 대한 다른 나라들의 존경심을 불러일으키고 자연스럽게 그들의 국격을 높여주었다.

일시적 '운동'에서 꾸준한 '활동'으로

무엇이 국격을 결정짓는가? 스웨덴, 노르웨이, 캐나다에서 확인할 수 있는 것처럼 국제적 이상주의가 중요한 요인임은 틀림없어 보인다. 하지만 그게 다는 아니다. 국격은 어느 것 하나만으로 높아지고 낮아지는 성질의 것이 아닌 총체적 개념이다.

이에 관한 논자들의 시각도 분분하다. 김대중 조선일보 고문은 국격을 좌우하는 결정적 요소를 나라의 '기강'이라고 본다. 그는 "기강이 서 있는 나라는 국격이 높은 나라이고, 기강이 무너진 나라는 국격을 논할 자격도 없다"고 했다. 지난 몇 년간 EU가 우리나라와 자유무역협정FTA 체결을 위한 협상을 벌이는 과정에서도 '법에 의한 질서의 확립'을 비경제적 전제조건으로 내세운 일이 있다. 유럽 국가들은 법에 의한 질서가 확립되지 않은 나라를 존경받을 수 없는, 즉 국격이 낮은 나라로 여기는 것이다. 이와 달리 에세이스트이자 소설가인 고종석은 '사회정의의 구현'이 국격을 높이는 지름길이라고 주장한다.

국격은 한마디로 정의하기 어렵지만, 누구나 인정하는 속성이 있는 것만은 사실이다. 한 나라를 상징하는 특성이 다른 나라 사람들의 존경을 받을 때 우리는 그 나라의 국격이 높다고 말할 수 있는 것이다.

그렇다면 현실적으로 우리가 국격을 높이기 위해 할 수 있는 일은 무엇일까? 지금 당장 존경받는 나라처럼 할 수는 없는 노릇이다. 그것이 하루 이틀에 이루어지는 일도 아니고 수치로 정확히 측정될 수 있는 성과도 아니기 때문이다. 인격을 수양하듯 긴 시간을 두고 조금씩 쌓아가야 하는 '어떤 것'이기 때문이다. 올바른 교육과 정신적, 물질적 성장을 통하여 성숙한 사회, 성숙한 법질서와 기강이 바로 서 있는 사회, 관용 있고 자유로운 정치체제, 인도주의적 대외관계를 가꾸어 나가는 노력이 전제되어야 하는 것이다.

그런데 우리나라는 아직도 국격 높이기를 관료적 이니셔티브에 의존하는 경향이 남아 있다. 서울에서 열리는 G20 정상회의를 앞두고 국격을 높이기 위한 세부 추진과제 80개를 선정하여 시행에 들어간 것 등이 그렇다. 국정의 전 분야를 망라한 80개 과제는 '성숙한 세계 일류국가'를 목표로 각 부처가 보고한 방안을 국격 태스크포스TF가 종합한 것이다. 이러한 접근이 도움이 될 수는 있겠지만, 여기에 또 하나의 아이러니가 존재한다. 성숙한 세계 일류국가들은 이러한 방법으로 국격 높이기를 추구하지 않는다. 정부가 계획을 짜고 편달하면서 80개 부문에 점수를 매겨가며 국격을 높이려는 것이 얼마나 효과가 있었는지, 그것이 우리나라가 세계의 존경을 받는 데 과연 도움이 되었는지 의문이다.

국격 제고는 일시적 '운동'보다는 꾸준한 '활동'의 산물이다. '국격을 높이자!' 부르짖는다고 해서 당장 높아지는 것이 아니라, 국격을 높일 수 있는 사고의 혁신과 사회 발전에 전념하는 활동을 꾸준히 전개하는 가운데 국격은 자연히 높아지는 것이다.

한승주 1940년 서울 출생. 서울대 외교학과를 졸업하고 미국 캘리포니아주립대(버클리)에서 정치학 박사학위를 받았다. 고려대 정치외교학과 교수와 한국동남아학회 회장을 지내다가 24대 외무부장관에 올랐다. 고려대 총장서리와 주미대사를 역임했으며, 현재는 아산정책연구원 이사장과 2022 월드컵유치위원장으로 활동하고 있다.
저서로 『전환기의 한미관계』 『세계화시대의 한국외교』 『남과 북 그리고 세계』 『전환기 한국의 선택』 『한국민주주의의 실패』 등이 있다.

덕을 베풀면 운이 열린다

윤은기 중앙공무원교육원 원장

예전에 방송 사회자로 일할 때 우리나라 주류 제조업계의 원로 CEO 한 분을 프로그램에 모시고 대담한 적이 있다. 그분이 마침 각종 한약재를 넣은 민속주를 개발하여 큰 성공을 거두고 있을 때였다. 이런저런 질문 끝에 나는 덕담 삼아 마지막 질문을 던졌다.

"그 술에는 한약재가 많이 들었다고 하던데, 그 술을 마시면 진짜 몸에 좋은가요?"

연세가 지긋하신 CEO는 잠깐 생각하더니 이렇게 답변했다.

"어쨌든 술인데, 몸에 좋기야 하겠습니까!"

이 대답에 나도 놀랐지만 PD도 놀랐고 카메라맨과 엔지니어도 놀랐다. 그 자리에 있던 모든 사람이 놀랐다. 자기 회사제품을 자랑할

만도 한데 이런 진솔한 답변을 듣고 모두 감동을 받았다. 방송이 나간 후에는 시청자들로부터 좋은 반응을 얻었다. 자랑이나 홍보성 발언보다 마음에서 우러나오는 진실한 고백이 더 큰 효과가 있다는 사실을 일깨워준 경험이었다.

자랑은 적게, 봉사는 많이

요즘 우리나라는 자랑거리가 많아졌다. 전쟁의 폐허를 딛고 일어나 짧은 기간에 눈부신 경제 발전과 민주화를 이룩한 것 자체가 세계사에 없었던 성공사례다. 게다가 IT 강국이며 전자정부 평가에서도 세계 1등 국가다. 반도체, 자동차, 조선, 철강 등 주요 산업도 세계적 경쟁력이 있다. G20 정상회의 의장국으로, 원자력발전소 수출국으로 위상 또한 높다. 스포츠도 강국의 대열에 들어섰고 문화에서도 한류바람이 거세게 불고 있다. 유엔 사무총장도 한국 사람이다.

이처럼 우리의 자긍심을 높여주는 자랑거리가 늘어나다 보니 우리도 모르는 사이에 외국인들에게 이런 것들을 자랑하는 경향이 생겼다. 우리의 자랑을 듣는 외국인들의 반응은 '놀랍고 대단하다!'는 것이 주류를 이룬다. 그러나 그 사람들의 마음속에는 여러 가지 생각이 떠오를 것이다. 인간의 마음에는 존경심, 협동심, 자비심이 있는가 하면 질투심, 시기심, 경쟁심도 들어 있다. 우리가 자랑할 때 외국인들 중에는 분명 부러움과 함께 시기심을 느끼는 사람도 적지 않을 것이다.

나는 얼마 전 해외연수를 떠나는 공직자들에게 이런 당부를 했다.

"밖에 나가서는 가급적 자랑은 적게 하고 겸손한 태도로 감사를 표하고, 우리도 신세를 갚고 글로벌 봉사와 나눔을 실천하겠다고 이야기하세요. 이렇게 하는 게 오히려 우리나라의 국격을 높이는 일일 겁니다."

우리나라가 진정한 선진국으로 진입하고 남들보다 높은 대우를 받기 위해서는 국민들이 글로벌 시민정신을 발휘하여 우리의 양식과 에티켓을 한 차원 높이고 해외 봉사와 원조를 늘려야 한다는 주장이 힘을 얻고 있다. 일리가 있는 말이다. 그러나 진짜 중요한 것은 지나치게 자랑하고 뻐기는 태도부터 먼저 고치는 일이 아닐까?

은혜를 잊지 않는 가슴 따뜻한 사람들

개인의 인격도 나라의 국격도 스스로 자랑하면 낮아지고 겸손하면 올라가게 마련이다. 우리는 불과 몇십 년 전까지 다른 나라의 원조를 받으며 살았던 나라다. 이제는 원조하는 나라로 바뀌었다. 어느 정도 잘살게 되었으면 겸손한 마음으로, 감사하는 마음으로 우리도 보답하며 사는 것이 당연한 도리다. 예로부터 덕德을 베풀면 운運이 열린다고 했다. 이는 개인에게만 적용되는 것이 아니다. 사덕社德을 베풀면 사운社運이 열리고, 국덕國德을 베풀면 국운國運이 열린다. 적극적으로 국제사회에 기여하고 기부활동을 생활화하는 것이야말로 우리의 국격을 높이고 국운을 살리는 길이다.

2010년은 6·25전쟁 60주년이 되는 해다. 우리 정부와 민간단체들은 6·25 해외 참전용사들을 초청하여 그들의 숭고한 정신과 희생을 기리는 다양한 행사를 가졌다. 그 가운데 6·25전쟁 60주년기념사업위원회가 주최한 행사에 참석한 적이 있다. 20대의 꽃다운 청년에서 이제는 80대의 노인이 된 그분들은 전쟁 당시의 상황을 담은 모습과 대한민국의 발전상, 그리고 은혜를 잊지 않겠다는 감사의 말이 담긴 동영상을 보면서 말없이 눈물을 흘렸다. 그 눈물 속에는 유엔의 결의로 우방인 우리나라를 목숨 걸고 도움으로써 한국의 경이로운 발전에 기여했다는 자부심과 부러움이 함께 묻어 있었다. "60년이 지나서까지 우리를 기억해주니 고맙다"고 말하는 분도 있었다. 나도 함께 눈시울을 적셨다.

그들의 도움과 우리의 노력으로 우리는 이제 '더 큰 대한민국'을 지향하고 있다. 더 큰 대한민국이란 영토가 넓은 나라도 아니요, 경제력 1위의 나라도 아니다. 세계인으로부터 존중받고 사랑받는, 실력 있고 품격 있는 선진국이 되는 것이다. 길은 결코 먼 데 있지 않다.

'한국은 60년 전 전쟁으로 나라가 폐허가 되었지만 온 국민이 피와 땀으로 한강의 기적을 창조한 나라다. 그런데 그들은 자신들을 도왔던 세계 여러 나라에 진심으로 감사하고 있고, 이제 보답하기 위해 노력하고 있다. 한국인은 은혜를 잊지 않는 정말 가슴이 따뜻한 사람들이다'.

이런 소리를 들을 수 있다면 이것이야말로 진짜 국격을 높이는 일 아닌가!

윤은기 1951년 충남 당진 출생. 고려대 심리학과, 연세대 경영학석사(MBA), 인하대 경영학박사 과정을 거쳤으며, 공군장교 70기로 복무했다. 유나이티드컨설팅그룹 대표컨설턴트로 활동했고, 시테크의 창시자로 명성을 높였다. KBS 제1라디오 「생방송 오늘」 등 라디오와 TV프로그램에서 경제 및 시사 전문MC를 맡아 편안하면서도 알찬 진행으로 대중의 사랑을 받아왔다. 공군대학 명예교수, 기후변화센터 이사, 사회복지공동모금회 인선위원, 교육부 정책자문위원, 기업사례연구학회 회장, 골프칼럼니스트협회 회장, 국가브랜드위원회 글로벌시민분과위원장, 서울과학종합대학원대학교 총장을 역임했다. 2010년 중앙공무원교육원 역사상 최초의 민간인 출신 원장으로 부임했다.
저서로 『매력이 경쟁력이다』 『시테크』 『스마트경영』 『신경영마인드 365』 『예술가처럼 벌어서 천사처럼 써라』 『귀인』 등이 있다.

더 큰 대한민국은 어떻게 가능한가

앨런 팀블릭 서울글로벌센터장

대한민국은 유구한 역사를 비롯하여 이 나라의 국민이라는 사실이 너무도 자랑스러운, 수많은 장점을 가진 나라다. 하지만 안타깝게도 종종 국제사회에서 그러한 장점이 드러나지 못할 때가 많다.

사람들은 기존에 자신이 알고 있던 대로, 봐왔던 대로 세상을 보려는 경향이 있다. 특정 나라의 이미지도 이런 데서 영향을 받는다. 예를 들어 말레이시아나 태국은 유명한 관광지라는 이유만으로 전 세계적으로 잘 알려진 나라들인데, 가끔 이곳 뉴스가 나오면 사람들은 그것이 좋은 내용이든 나쁜 내용이든 이전에 가본 경험이나 평소 생각한 이미지 등에 비추어 받아들이게 된다. 자연스레 뉴스에 대한 해석도 그 사람이 무엇을 알고 있느냐에 따라 달라진다.

마찬가지로 대한민국이 국제사회에서 좀 더 알려지고 존경받는 나라가 되려면 전 세계 사람들이 친근한 느낌이나 기분 좋은 기억을 가질 수 있도록 노력해야 한다. 스스로 알아서 나의 존재를 알아주는 곳은 세상에 없다. 대한민국도 그런 노력을 기울이지 않으면 영원히 잊혀지는, 알려지지 않은 나라가 될 뿐이다. 반대로 세상에 알려지고 유명해진다면 그 후로도 대한민국은 그렇게 기억될 것이다.

대한민국은 짧은 기간에 아주 많은 것을 이루어낸 나라다. 세계에서 보기 드문 경제 성장과 기술력 향상의 업적을 달성했고, 국민의 힘으로 정치적 민주화를 실현했다. 스포츠와 문화예술 부문에서도 괄목한 만한 성과를 내놓아 세상을 놀라게 했다. 하지만 이러한 사실들도 알려지는 과정은 생각보다 더디고 느리다. 그나마 알려진 사실조차도 원래보다 축소된 상태이기 일쑤다. '내가 대단하니 알아주는 이가 있겠지' 하는 것도 순진한 생각이지만, '나름대로 알리는 작업을 했으니 좋아질 거야' 하는 것도 안이한 태도다. 알림의 과정은 지속적이고도 효과적이어야 목표한 결과에 이를 수 있다.

이방인의 눈에 비친 한국인의 심리

있는 사실을 널리, 정확히 알리는 일만큼 중요한 것이 또 있다. 국민 스스로 갖고 있는 자부심이다. 국가적 자부심은 자기 나라에 대해 어떻게 생각하는가를 말하는 척도다. 자랑스럽게 생각할

수록 높아지고 부끄럽게 생각할수록 낮아진다. 자기 나라를 부끄럽게 생각하는 국민들이 많은 국가가 다른 나라 사람들에게는 어떻게 비쳐질까? 아무리 알려진 이미지가 좋다 한들 좋은 이미지가 오래가지는 못할 것이다. 한 국가의 이미지는 외부와 내부를 종합적으로 반영한 결과물이기 때문이다.

한국인의 자부심은 어떨까? 필자는 그 속에 좌절감이 숨어 있다고 생각한다. 자신의 노력이 세상으로부터 인정받지 못한 데서 오는 감정 말이다. 이 때문에 한국인은 '우리는 왜 이리 작아서 눈에도 잘 띄지 않는가?'라는 일종의 불안감을 느끼는 한편으로 '우리 대한민국은 전 세계 기술의 진보에 엄청나게 기여하고 있는 위대한 국가다! 1명의 한국인은 미국인 3명과도 거뜬히 맞먹는다!'라는 자긍심을 동시에 갖고 있는 것 같다. 일종의 모순된 감정 상태인데, 많은 이들이 인정하는 모습이다.

좀 더 깊이 들여다보면 한국인의 기질 속에는 '우리'라는 대중심리와 행동 성향이 깊이 배어 있다. 사실 이런 면이 있었기에 짧은 시간 안에 세계가 놀라는 엄청난 기적을 일으킬 수 있었다. 이것이 한국, 한국인의 잠재력이다. 국가적인 모토만 있다면 언제든 폭발하는 이러한 잠재력은 얼마든지 긍정적인 현실을 이끌어낼 수 있는 힘이기도 하다.

필자는 매일매일 한국을 조금씩 더 알아가고자 노력하며 사는 이방인이다. 그런 이방인의 눈으로 감히 조언한다면, 한국인의 대중심리와 행동 양상을 최대한 살리라는 것이다. 그 폭발적 에너지를 부족한 점을 개선하는 방향으로 돌린다면 한국은 틀림없이 세계인의 부러움을 사는 국가가 될 것이다. 이를 위해서는 한국인이 자신의 장점과 약점을 정확하게 알아야 한다.

한국인만의 강점은?

한국인은 먼저 자신의 장점에 주목할 필요가 있다. 한국에서 인기가 많은 축구 경기에 비유하자면 수비와 공격이 재빠른 팀을 들 수 있다. 이 팀은 경기를 진행할 때 자신의 골대를 향해 돌진하는 상대편 공을 빼앗아 재빨리 자기 팀의 포워드 포지션으로 연결하는 역습에 강하다. 속공 플레이에 능한 것이다. 또 이런 장점이 팀을 승리로 이끌 것이라는 확신과 자신감을 갖고 있다. 한국이 바로 그런 나라다.

그러면 한국인만의 강점은 뭘까? 필자는 목표 달성을 위한 결단을 내리면 비록 불가능해 보이는 목표라도 꾸준히 해나가는 것이 한국 최대의 강점이라 생각한다. 더욱 대단한 것은 그런 노력으로 여러 분야에서 믿기 힘든 성과를 올렸다는 사실이다. 뿐만 아니라 그 과정에서 민주주의 체제를 확립하고 언론의 자유를 성장시키기도 했다. 이런 배경을 바탕으로 창조성이 인정받는 사회 여건을 만들었다.

이 외에도 한국이 지닌 강점은 많다. 한국이 이런 강점에 초점을 맞추어 힘을 키워간다면 세계 무대에서 자신을 어떻게 증명해 보일까를 굳이 고민하지 않아도 될 것이다. 한국은 그런 나라다.

한국인의 강점에 겸손을 보태라

하지만 한국인들이 깊이 생각해보아야 할 점도 있다. 자신이 이룬 업적이나 성과를 필요 이상으로 과시하고 있지는 않은지 말이다. 긍지를 갖는 것은 좋은 일이지만 이것이 지나치면 곤란하다. 외국인의 눈에 불편하게 비쳐진다. 긍지와 함께 '겸손'의 미덕이 요구되는 까닭이다. 겸손은 동양과 서양을 떠나 모든 사람에게 통하는 아름다운 가치니까 말이다.

한국이 앞서 말한 장점과 강점을 바탕으로 겸손이라는 덕목까지 더한다면 경계의 시선이 아닌 진심 어린 환영의 태도로 외국인들을 대하는 열린 나라가 될 것이다. 다른 나라와 민족의 문화나 사상이 한국 사회와 문화를 해하는 요소로 작용할지 모른다며 의심하거나 "여긴 한국이야! 한국인은 한국 식으로 하는 거야!"라며 고집을 피우기보다 세계적인 수준을 이해하고 수용하는 큰 나라가 될 것이다. 생활 주변의 모습도 달라질 것이다. 더럽고 불결한 공공장소를 그냥 참고 놔두기보다 민주적인 시민정신으로 깨끗하게 가꿔나가고, 사회적·법적 제약 앞에서 서로가 잘났다고 우기기보다 양보하는 미덕을 보이게 될 것이다. 자연 한국은 더욱더 발전할 수 있을 것이다.

이처럼 한국 사회가 지향하는 큰 모토를 향해 국민 모두가 에너지를 모으고 겸손의 미덕을 발휘하여 관심을 가지고 크고 작은 변화를 주도한다면, 한국은 세계적인 명성을 얻게 될 뿐 아니라 다른 나라들이 너도나도 배우고 본받고자 하는 모범국가가 될 것이다.

앨런 팀블릭 Alan Timblick 1943년 영국 출생. 옥스퍼드대에서 현대 역사학을, 캔자스대에서 경영학을 전공했다. 스위스 국제경영개발대학원을 졸업한 후 바클레이즈은행의 스웨덴, 핀란드, 벨기에, 룩셈부르크, 한국 지점에서 일했다. 암롭 인터내셔널(AMROP International)과 콘페리 인터내셔널의 상무를 거쳐 마스터카드 한국본부 CEO를 역임했다. AAA 디벨롭먼트(Development)를 설립, HR컨설팅 CEO로 활동하기도 했다. 인베스트 코리아(Invest KOREA) 단장과 자문위원으로 외국인투자를 한국에 유치하는 역할을 맡았고, 서울시 외국인투자유치자문회의(FIAC) 부위원장을 지냈다. 현재는 서울글로벌센터의 센터장으로 재직하면서 TV 패널리스트, 칼럼니스트, 투자 · 금융 · HR 분야의 전문강사로도 활동하고 있다.

문화의 깊이와 두께

김주영 소설가

무엇을 어떻게 하면 우리가 선진국 국민이란 말을 듣게 되고, 어떻게 하면 이웃들로부터 품위 있게 살아가고 있다는 평판을 들을 수 있을까? 그야말로 피나는 노력과 패기를 동원해 무작정 많은 돈을 벌어들이고 볼 일일까, 아니면 돈은 많이 벌지 못하더라도 자신이 투신한 분야에서 촉망받거나 탁월한 능력의 소유자로 인정받는 것이 나을까? 더불어 우리의 행복지수는 지금 어느 수준에 도달해 있는 것일까?

당장 속 시원한 결론에 이르기란 쉽지 않아 보인다. 소유의 만족지수는 끝 간 데가 없고, 정점에 이르렀다는 성취감이나 자긍심도 잠깐, 더 높은 고지가 있다는 것을 목격하게 된다. 선진국으로 진입하고 싶은 국가적 희망도, 돈을 벌고 싶다는 개인적 욕망도, 그 분야의 정점에 이르고자 하는 집념도 헤아려보면 모양 있게 잘살아보고 싶다는 한 가지 목적에 맞물려 있다. 정치와 경제와 과학을 움직이는 원동력도, 사회적으로 분출되는 모든 에너지도 모두가 잘살아보겠다는 여망에 모아진다. 심지어 우리 사회에 만연되어 있는 여러 가지 파행적이고, 역겹고, 퇴폐적인 것들까지도 모두 그런 여망의 토대 위에서 몸부림치다 빚어지는 현상일 것이다.

러시아에는 '그것'이 있다!

그런데 내가 살고 있는 집을 올바르게 관찰하려면 집 안에 들어앉아 바깥을 살필 것이 아니라 집에서 걸어 나와 담 밖에서 내 집을 뒤돌아보면 보다 크게, 그리고 객관적으로 자신이 살고 있는 모습을 관찰할 수 있게 된다.

마찬가지 논리로 해외여행에서 숱하게 마주치는 우리나라 여행객들을 관찰해보면 우리의 수평적인 실체를 적나라하게 체험할 수 있다. 인도나 네팔 여행을 마치고 서울로 돌아가기 위해 공항에서 탑승구를 찾아가다 보면 같은 비행기를 타기 위해 모여드는 우리나라 사람들을 만날 수 있다. 국내에서와는 또 다른 느낌으로 다가오는 사람들이다. 반가움 속의 생경함, 편안함 속의 거리감…. 바로 그때, 불과 며칠이었지만 여행하는 동안 인도 사람들이 보여주었던 그 처연한 정서의 부피와 무게를 다시 한 번 반추하게 된다. 그들과 우리의 차이는 무엇일까? 국민소득과 문화수준의 함수는?

인도 사람들과 마찬가지로 러시아 사람들도 경제적으로 풍족한 생활을 누리고 있지 못하다. 가난하게 살아가는 이들이 많다. 그러나 어느 누구도 섣불리 러시아가 머지않은 장래에 추락할 것이라거나 망한다는 생각을 갖지 않는다. 그것은 러시아가 넓은 국토에 군사강국이기 때문일까? 아니면 이른바 공산주의 종주국이기 때문일까? 그도 아니면 레닌이나 스탈린처럼 세계사에 남을 만한 정치적 인물을 배출한 나라이기 때문일까?

이러저러하게 더듬어 들어가다 보면 문득 부딪치는 것이 있다. 그것은 바로 러시아의 역사 속에 축적되어 있는 '문화의 깊이와 두께'라는 것이다. 러시아에는 '그것'이 있다.

혁명은 짧고 시는 길다

러시아 시인 알렉산드르 세르게예비치 푸시킨이 사망한 지 어언 170년이 가까워 온다. 그가 사망한 이후 오늘에 이르기까지 모스크바의 붉은광장에 있는 그의 동상 앞에는 누가 갖다 놓고 간 것인지 알 수 없는 꽃다발이 목격되지 않는 날이 없다. 레닌이나 스탈린 동상 앞에서는 발견할 수 없는 생화로 만든 꽃다발이 눈이 내리거나 비가 내리거나 170년 가까이 하루도 빠짐없이 바쳐지고 있다. 그

나라 사람들에게 물어보면, 그것은 그가 남기고 떠난 한 편의 시 때문이라고 말한다.

(…)

삶이 그대를 속일지라도

슬퍼하거나 노여워하지 말라

실의의 날들을 견디며

믿으라, 기쁨의 날이 오리니

(…)

러시아는 가난할지라도 여전히 문화적 에너지가 살아 꿈틀대는 나라다. 뭐라고 한마디로 예단하기는 어렵지만 톨스토이, 도스토옙스키, 푸시킨, 막심 고리키와 같은 문호들이 작동시켜 달구어둔 문화적 에너지가 몇백 년이 흐른 지금까지 러시아의 가치관과 정체성을 끄떡없이 지탱해주고 있는 것이리라. 무기와 경제가 아니라 자신들이 향유하고 있는 문화에 대한 존경심이 러시아의 정서를 먹여 살리는 셈이다. 적어도 내 눈에는 그렇게 보인다.

우리는 어디를 향해 갈 것인가? 개인적으로는 명품이나 사재는 탐욕이 품위 있게 살아가는 모습이라고, 그것이 문화생활의 두께를 축적해가는 길이라고 믿는 미련함에서 깨어나야 하겠고, 국가적으로는 품격 있는 문화 창달을 위해 무엇을 어떻게 해야 하는가를 고민하면서 국민의 창의력을 동원해야 할 것이다. 그러한 노력의 끝자락에 비로소 모두가 바라는 선진국의 진입을 허락하는 문을 만날 수 있기 때문이다.

김주영 1939년 경북 청송 출생. 서라벌예술대학 문예창작과를 졸업했으며, 1971년 「월간문학」에 '휴면기'를 발표, 신인상을 받아 등단했다. 토속적이고 한국적인 정서를 가장 탁월하게 묘사하는 작가로 통한다.
주요 작품으로 『객주』 『활빈도』 『천둥소리』 『고기잡이는 갈대를 꺾지 않는다』 『화척』 『홍어』 『아라리 난장』 『빈집』 등이 있고, 유주현문학상, 대한민국문화예술상, 이산문학상, 대산문학상, 김동리문학상 등을 수상했다. 현재 파라다이스문화재단 이사장, (사)길과문화 이사장을 맡고 있다.

코리아에 세계 전략은 있는가

전성철 세계경영연구원 이사장

2008년 금융위기가 시작될 때만 해도 사람들은 그것을 지나가는 하나의 경제적 현상으로 간주했고, 또 그렇게 끝날 것이라고 생각했다. 그러나 시간이 흐른 후 세계는 이것이 단순한 경제적 현상이 아니라 지구촌의 지배구조를 뒤바꾼 거대한 사건이었다는 것을 깨달아가고 있다.

지배구조의 변화는 금융위기 이전까지 초강대국으로 군림해온 미국의 쇠락에 기인한다. 계속해서 미국이 세계적 리더십을 행사하기에는, 즉 팍스 아메리카나를 지속하기에는 이미 경제적으로나 도덕적으로 너무도 큰 상처를 입었기 때문이다. 이는 모두 금융위기에서 비롯되었다. 미국의 경제 심장인 월스트리트가 금융위기의 발원지가 됨으로써 세계 경제의 중심축 역할을 더 이상 감당할 수 없게 되었을 뿐만 아니라 전 세계의 온갖 비난을 그대로 감수해야 했다. 이와 함께 안 그래도 이라크 침공 등으로 흔들리던 미국의 도덕적 리더십이 마저 무너져내리고 말았다.

'사면초가 미국'을 누가 대신할 것인가

현재 미국은 말 그대로 사면초가다. 내수 침체에다 빚더미에 싸여 허덕이는 나라가 되었다. 전망도 우울하다. 늘어나는 국가부채는 2011년까지 12조 달러에 이르러 무려 GDP의 80%에 달할 것으로 보인다. 게다가 세계 각국에 2조 달러 이상의 빚을 지고 있다. 만일 미국의 국채를 가진 나라들이 이를 시장에 내다 팔기 시작하면 미국의 이자율이 천정부지로 뛰어올라 경제를 파탄으로 몰고 갈 것이다.

미국이 이 같은 위기에 직면한 것은 자초한 측면이 크다. 국가적으로나 개인적으로 빚에 의존한 경제를 유지해왔기 때문이다. 지나친 소비 관행에다 제로에 가까운 저축률, 매년 수천억 달러에 달하는 무역적자가 문제를 키워왔다. 여기에다 이라크와 아프가니스탄에서의 전쟁, 약화되는 달러 가치 등이 사태를 더욱 악화시켰다. 역사상 그 어느 때보다 혹독한 대가를 치르고 있는 미국이 산적한 대내외적 난제들을 극복하여 예전의 활력을 되찾기까지는 상당한 시간이 걸릴 것이다.

100여 년 전 서양 사람들은 중국을 '종이호랑이'라고 불렀다. 지금은 미국이 그런 신세가 되었다. 종이호랑이까지는 아니어도 가히 '비틀거리는 호랑이'가 되었다고 할 수 있다. 그동안 미국을 한결같이 지지해온 유럽도 그리 나은 형편이 아니다. 세계를 호령하던 세력들이 일거에 한풀 꺾인 상황이다.

그렇다면 미국과 유럽의 쇠퇴로 야기된 힘의 공백을 누가 메울 것인가? 중국을 포함한 아시아 국가들이 메우게 될 것이다. 중국, 인도, 한국, 인도네시아 등 아시아 국가들이 보여주고 있는 경제적 역동성은 세계가 더 이상 구미가 주도하는 무대가 되지 않을 것임을 확실히 보여주고 있다.

그렇다고 해서 아시아가 구미의 역할을 금방 대신할 것으로 보는 것은 성급한 판단이다. 당분간은 어느 일국이 아닌 여러 중심국가들이 함께 세계 정세를 이끌어가는 모양새를 띨 것이다. 바로 G20이 그렇다. G20은 세계가 단일지도체제에서 집단지도체제로 변했음을 단적으로 상징하는 말이다. 하지만 집단지도체제는 역사적으로 항상 불안한 체제였다는 사실을 상기할 필요가 있다. 집단지도체제가 패권의 중심이었던 시기의 세계는 늘 위험으로 가득했다. 대부분 피비린내 나는 전쟁의 시대였다. 춘추전국 시대는 물론 1, 2차 세계대전 역시 집단지도체제 하에서 일어났다. 그런 만큼 오늘의 우리는 다시금 역사의 시험대 위에 섰다고 볼 수 있다.

오늘날의 집단지도체제는 과연 성공할 것인가? 과거처럼 새로운 질서의 태동을 위한 혼란과 격랑의 터널을 지나게 되는 것은 아닐까?

그 여부는 중국의 향배에 달려 있다. 중국이 가지고 있는 2조 5000억 달러에 달하는 외환보유고와 어마어마한 경제적 잠재력은 중국의 동의 없는 세계적 합의가 사실상 무의미하다는 것을 말해준다. 세계 모든 나라도 이를 잘 알고 있다. 그렇기에 중국의 행보 하나하나에 촉각을 곤두세우는 것이다.

중국이 세계 공존과 공영을 진심으로 추구하는 양순한 세계의 일원이 될 것인지는 아직 불분명하다. 아직은 세계를 리드할 수 있는 도덕적인 기반을 갖추지 못했을뿐더러 민주주의를 실천하고 있지도 않으며, 많은 소수민족과 갈등을 빚고 있고, 세계 평화와 번영을 위한 자신의 책임과 역할을 천명하지도 않았다. 가변적 요소가 많은 것이다. 그렇다고 일본이 아시아의 기축 역할을 하기에는 이 나라가 지고 있는 역사의 짐이 너무 무겁다.

코리아, 어떤 리더십을 발휘할 것인가

이러한 상황은 한국에 사상 초유의 책임과 역할을 요구하고 있다. 한국은 후진국에서 중진국으로 성장했을 뿐 아니라 경제성장과 민주주의를 동시에 이룬 나라로서 도덕적 정당성과 성공의 노하우를 겸비한 아시아 유일의 나라다. 따라서 한국은 아시아의 시대에 아시아 전체를 한데 묶고, 상호 존중과 공동 번영의 공감대 위에 세계 역사를 발전적으로 이끄는 주요 촉매로서의 역할을 다할 수 있다.

그것은 한국에 맡겨진 영광스러운 역사적 사명이다.

그러기 위해 한국에 필요한 것은 무엇인가? 무엇보다 한국의 전체적인 외교 전략을 다시 수립해야 한다. 대아시아 외교를 확대하고 세계가 인정하는 보편적 가치로서의 글로벌 스탠더드에 입각한 적극적 대외개방과 그에 맞는 내부체제 정비를 서둘러야 한다. 나아가 상호호혜와 선의의 정신을 세계만방에 표방하고 실천해야 한다. 무엇보다 한·중·일 관계가 상생의 경제공동체 이념을 실천하는 모델이 되어야 하고, 한국은 이러한 모델 구축의 이념적 리더이자 중재적 리더가 되어야 한다. 이때 한·중, 한·일 FTA는 아시아를 하나로 모으는 결정적 기폭제가 될 것이다.

2010년 11월 서울에서 G20 정상회의가 열렸다. 중요한 것은 그 이후다. 회의가 끝난 후 한국은 더욱더 세계로 나아가야 한다. 세계의 공존공영에 대한 한국의 외교철학을 분명히 하고, 그에 따른 비전과 역할을 천명할 필요가 있다. 구체적인 행동계획을 밝히고 실천하는 모습을 보여야 한다. 특히 세계의 후진국과 개발도상국들에 대한 원조를 대대적으로 확대해나가야 한다. 그들에게 가장 성공적인 발전모델로 주목받는 한국의 경제개발 노하우를 전수하고 지원함으로써 선진국과 후진국의 중심에서 세계를 하나로 묶는 융합의 축이 되어야 한다. 개발도상국 관료와 기업인들을 훈련하는 글로벌 교육센터를 설립하여 이들에게 장학금과 생활비를 제공하면서 발전의 경험과 기술을 나누어줄 수도 있을 것이다.

한국이 이렇게 세계를 포용하는 나라가 되고 세계가 요구하는 중재적 리더십을 발휘하는 나라가 될 때, 새롭게 열리는 아시아 시대는 더 평화롭고 안정된 가운데 세계 역사의 발전을 추동하게 될 것이다. 한국은 지금 5000년 역사상 처음으로 세계의 미래를 좌우할 중차대한 역할을 부여받고 있다.

전성철 서울대 정치학과를 졸업한 후 미국으로 건너가 미네소타주립대에서 경영학석사와 법학박사 학위를 받았다. 이후 뉴욕주 변호사로 활동하다가 미국 Reid & Priest 법률사무소 이사, Kim & Chang 법률사무소 변호사, 조선일보 논설위원, 청와대 정책기획 비서관, 산업자원부 무역위원장, 세종대 경영대학원 원장 및 부총장 등을 역임했다. 2003년 글로벌 스탠더드를 연구하고 전파할 목적으로 IGM(세계경영연구원)을 설립하여 이제까지 1만여 명의 CEO 및 임원을 교육했고, 2005년 1월에는 IGM 협상스쿨을 개원했다. 현 IGM의 이사장이자 IGM 협상스쿨 원장으로 '세계를 얻는 한국 기업'의 역량 강화를 위해 노력 중이다.
저서로 『변화의 코드를 읽어라』 『꿈꾸는 자는 멈추지 않는다』 『전성철의 경제를 푼다』 『협상의 10계명』(공저) 등이 있다.

'내치의 늪'에서 '문명의 바다'로

송호근 서울대 사회학과 교수

2008년 11월 오바마가 미국 대통령에 당선되었을 때 필자는 내심 놀랐다. 백인 우월주의가 저변에 깔려 있는 미국 사회에서 과연 흑인을 통치자로 선출하겠는가 하는 의구심이 진즉부터 있었기 때문이다. 미국의 동부와 서부에서 6년 정도 생활한 경험을 갖고 있는 필자로서는 미국의 백인 중산층이 표방하고 있는 두터운 자부심이랄까 백인의 자존심을 익히 목격했고 때로 그것에 상처를 받았던 기억이 남아 있던 터였다. 그런데 그들은 그렇게 했다! 위기에 처한 미국의 자존심을 살려내기 위해서는 전통적인 인종 혐오증을 잠시 '유보'해둘 필요가 있었을지 모른다. 설사 그렇다고 하더라도 미국 중산층의 그런 지혜는 국격을 높이는 데 필요한 덕목일 수 있다. 필자가 유보라고 표현했지만 사실은 '관용'이 더 적합한 말이다. 실로 흑인 대통령의 탄생은 국격의 고양이라는 시대적 과제에 직면해서 미국 시민들이 개인적 감정을 자제할 수 있음을 보여준 일대 사건이었다.

이후에 오바마 정부의 개혁 행보가 그리 매끄러웠던 것은 아니지만 그런 대로 결실을 내고 있는 것도 이런 관점에서 보고 싶다. 의료보험과 금융법 개혁처럼 전통적 보수층의 심기를 건드리는 정책들이 속속 실행되는 배경에는 '제국으로서 미국'의 체면을 살려내야 한다는 위기감이 작동한다. 의료 선진국인 미국에서 4000만 명에 달하는 빈곤층이 의료 혜택을 받지 못한다고 한다면 국가로서의 품위가 유지되겠는가? 세계 금융을 호령하는 미국에서 월스트리트의 탐욕을 제어하지 못한다면 어떤 명목으로 자본주의의 사령탑을 맡을 수 있겠는가 말이다. 의료자본과 금융자본의 막강한 저항에도 불구하고 개혁안이 통과될 수 있었던 것은 미국 중산층의 국격에 대한 긴장감이 작용한 때문이다. 적어도 필자는 그렇게 해석한다.

다산 선생에게 세종시를 물었다면?

자신의 입장을 떠나 보다 큰 맥락에서 쟁점을 바라본다는 것. 이는 국격을 높이는 데 가장 우선적으로 요청되는 덕목이다. 우리의 현실은 어떤가? 사람들은 정치권에 사익과 당리당략에서 벗어나라고 항상 다그치고 있지만, 정작 그렇게 다그치는 사람 자신도,

정치권도 자신의 입장에서 한 발짝도 움직이지 못한다. 이명박 정부가 정권의 사활을 걸고 추진하고자 했던 국책사업들, 특히 '세종시'와 '4대강'을 둘러싼 공방전은 서글프고도 답답한 한국적 현실을 재차 확인시켜 주었다. 수십조 원이 소요되는 이 '국가적 역사役事'에 대한 논쟁이 문명사적 관점에서 다루어지는 것을 필자는 보지 못했다. 세종시의 경우 원안과 수정안 중 어느 것이 지역 발전에 더 기여하고 어느 것이 균형 발전에 더 도움이 될 것인가를 두고 격돌했을 뿐, 50년 뒤 혹은 100년 뒤 그 도시가 통일한국의 세계적 위상 정립에 어떤 의미를 갖게 될 것인가에 대해서는 누구도 거론하지 않았다. 정부 부처 이전이라면 당연히 통일 후의 한반도 구도가 거론되어야 했음에도 붕당의 입장과 당략에 가려 담론에서 아예 사라졌다. 문명론적 담론이 '내치內治의 늪'에서 익사해버린 것이다. 결과는 두루 알다시피 원안으로의 회귀였다. 돌고 돌아 다시 출발선으로 되돌아오는 데까지 걸린 사회적 갈등의 비용은 천문학적이었다.

200년 전 다산 정약용은 역대 왕조의 흥망성쇠를 자연환경의 생산성과 결부시킨 『아방강역고我邦疆域考』라는 책을 썼다. 현대 용어로 말하자면 지정학적 국부론 또는 지세론이라 할 것이다. 그런 다산 선생에게 세종시 문제를 물었다면 어떻게 말했을까? 아마도 이렇게 강론했을 법하다. '21세기 도시의 지세를 좌우하는 것은 자연환경보다는 국제환경'이라고. '기왕 혈세를 쏟아 계획도시를 야심차게 만들 요량이라면 저 포효하며 일어서는 중국과 13억의 인구가 연출할 대중화 시대大中華時代에 대비하라'고 말이다. 다시 말해서 세종시 탄생의 원적原籍이 100년 전과는 딴판인 21세기 동아시아의 세력 판도를 무시한 채 인구 분산과 균형 발전이라는 내치 명분에 함몰된 것은 국민적 반성을 요하는 실책이라는 점이다. 설사 '분산과 균형'이 누구도 거부할 수 없는 공유가치임을 인정하더라도 과연 충청도의 지역 이익과 모든 국민의 이용후생利用厚生에 부합할지는 확신할 수 없는 일이다.

이에 못지않게 심각한 사안은 두 안을 놓고 치고받으면서 한국을 내치의 늪에 던져버린 여당 내부의 붕당이었다. 그 귀중한 시간을 허망하게 날린 '분쟁과 균열'은 모두 내치 욕심에 갇혔던 결과였는데, 급변하는 동아시아의 세력 판도와 재편되는 문명지도는 고려 대상에서 제외되었다. 바로 우리 옆에서 또 하나의 제국으로 일어서고 있는 중국의 존재를 의식하는 모습은 어디에도 없었다.

지금 우리가 '우물 안 싸움'할 때인가

미래학자 존 나이스비트는 중국의 부상을 '차이나 메가트렌드China Megatrend'로 명명하면서 중국의 변화에 맞게 전략을 짜라고 조언한다. 유럽 국가들도 이 거대한 변화를 비상한 관심과 긴장감을 가지고 바라보면서 교육, 금융, 산업, 복지 전반에 이르는 개혁 과제에서 현대 중국을 필수적인 독립변수로 설정하고 있다. 그들의 초점은 어떻게 경쟁할 것인가가 아니라 어떻게 대응할 것인가에 맞추어져 있다.

그런데 정작 우리는 느긋하다. 너무나 오랫동안 봐왔던 친숙한 나라여서 그런지, 아니면 한국의 정치와 경제에 변함없는 상수로 작용했던 지난날의 역사적 관성 때문인지 모른다. 그러나 다시 한 번 강조하건데 차이나 메가트렌드는 질적으로 새로운 변화이고 양적으로 새로운 변수다. '포효하는 신중국'이라고밖에 달리 표현할 길 없는 차이나의 행보가 세계 문명의 판도를 바꾸고 있는 중이다.

정말이지 경각심을 가져야 한다. 사실 우리는 중국이 2008년 베이징올림픽 주경기장을 '냐오차오鳥巢 · 새둥지'로 이름 짓고 '세계의 모든 문명을 중화中華로 깃들게 한다'고 선언했을 때부터라도 21세기 신제국의 출범에 긴장했어야 했다. 중국이 미국과 함께 세계 패권을 양분해서가 아니다. 세계의 공장답게 거대한 악력握力으로 한국 경제의 명줄을 쥐고 있는 긴박한 현실 때문만도 아니다. 어떤 경제학, 정치학, 사회학도 중국적 현상을 담아낼 수 없을 만큼 중국은 초국가적 실체로 변신했다. 일사분란하게 작동하는 13억 인구의 자본주의 실체가 역사상 존재했던 적이 있는가?

그런데도 우리는 우물 안 싸움에서 헤어나지 못하고 있다. 거대한 제국이 뿜어내는 연기가 한반도 상공을 뒤덮고 있는데, 국가 대사의 결정에 자기 집단의 손익계산에만 몰두하는 모리배적 행태를 되풀이하고 있다. 우리는 뭐냐고 대드는 지자체, 기어이 행정부 이전을 관철시키고자 하는 지역민, 정당정치의 수호천사를 자처하는 계파 모두가 하나같이 미욱하기만 하다. 이래가지고는 100년 전 조선이 일본 제국의 탐욕스런 날갯짓에 나가떨어졌듯, 중화의 냐오차오에 한 마리 소조小鳥처럼 날아들 것이 불을 보듯 뻔하다.

문명론적 관점에서 해법을 찾아라

과거의 불행한 사태를 더 이상 반복하지 않는 길은 내치의 늪에서 탈출하는 것이다. 말 많은 '4대강 사업'도 그런 차원에서 풀어가야 한다. '개발과 생태'로 요약되는 분쟁 구도로는 마땅한 해법을 찾을 수 없다. 각각의 명분과 논리가 타당성이 있는 데다 사업의 성격상 양자를 다 고려하지 않을 수 없기 때문이다. 이럴 때는 시야를 넓혀 사고할 필요가 있다. 즉 '문명론적 관점'에서 그 의미와 가치를 살필 줄 알아야 한다.

신중국이 막강한 영향력을 행사하는 21세기 동아시아에는 몇 개의 메가로폴리스초거대도시를 중심으로 하는 권역 간 경쟁이 격화될 것으로 예상된다. 상하이, 베이징, 톈진, 다롄, 홍콩, 서울, 부산, 도쿄, 후쿠오카 권역이 그것이다. 여기서 두 가지 질문이 제기된다. 인류의 문명이 '강의 문명'이라고 한다면 4대강은 권역 간 문명 경쟁에서 한국에 독자적 문명권의 기반을 제공할 수 있는가? 권역 간 상호 교역과 교류에 의해 밀도가 한층 높아질 동아시아 국제 네트워크에서 비교우위를 점하려면 한국의 강이 어떤 형태로 변신해야 하는가? 쉽게 답을 내릴 수 없는 문제이지만 4대강 사업은 반드시 이렇게 지정학적 문제의식 위에서 꼼꼼히 따져보고 전개되어야 한다. 그래야 역사에 남는 성공을 거둘 수 있다.

그런 면에서 볼 때 한국의 4대강은 그 안에 내재된 태생적 본성 때문에 손을 봐야 한다는 지리학적 개발논리가 설득력을 갖는다. 만주나 시베리아의 강이 덩치 크고 온순한 개를 닮았다고 한다면, 한반도의 강은 성질 급하고 사나운 늑대와 같다. 1500미터 고지에서 발원하여 불과 200여 킬로미터를 급하게 내달려 바다로 내리쏟는 물줄기가 세상에 어디 있는가. 한강은 시베리아를 유유히 가로지르는 오브강이 아니요, 낙동강은 만주벌판의 허허로운 초원을 여유롭게 돌아가는 아무르강이 아니다. 그래서 급류를 조련하고 탁류를 정수해서 수천 년 방치된 수변지구에 가치 창출의 기지를 건설하고 강변마을을 21세기적 문명타운으로 탈바꿈시키자는 주장에 힘이 실리는 것이다.

그럼에도 불구하고 4대강 사업이 완강하고 집요한 저항에 부딪혔다면 이야기는 달라져야 한다. 판이 깨질 위험을 알고도 '옳다고 믿는 바'에 집착하는 것은 정치가 아니다. 정치란 최대공약수에 대한 긴장이고, 이단과 이견을 버무려 화합의 묘수를 두는 지혜다. 물막이보가 폐기 선언된 대운하를 상기시키고, 포클레인이 물총새 무리를 내쫓는 우렁찬 괴물로 비춰지고, 준설공사에서 인공적 재앙을 읽어내는 반대논리가 설사 비과학적이고 선동적이라 하더라도 그것이 세勢를 얻고 공론公論을 움직이고 있다면 주창자로부터 조정자로 변신하는 것이

순리다. 조정자가 되어 국가의 미래를 좌우하는 정책 논쟁에서 문명사적 담론을 이끌어야 한다. 세종시가 동아시아의 심장부인 황해권의 '태풍의 눈'이 될 수 있는 방안은 없는가? 4대강이 한국의 문명론적 위상을 높여주는 탯줄이 되게 하는 방법은 없는가? 우리의 국책사업을 국격의 관점에서 논할 지혜가 우리에겐 없는 것인가?

새로운 연중聯中 전략도 절실하다. 세계 패권을 향해 포효하는 신중국이 그려가는 세력 지도를 감안하여 그 잠재력을 활용하고 결점을 보완해주는 형태의 문명관을 만들어내야 한다. 그러려면 친미親美, 결일結日로 일관해오는 동안 깊이 뿌리박힌 인식을 대전환해야 한다. 한반도의 미래 운명을 생각하면 한시도 늦출 수 없는 일이다.

우리 한국이 21세기에 G7 국가로 도약하려는 꿈을 갖고 있다면 모든 정책 사안을 '내치의 늪'에서 꺼내어 '문명의 바다'로 내보내야 한다. 그러면 21세기 동아시아의 세력 판도에 대비한 묘수가 보일 것이다.

송호근 서울대 사회학과를 졸업하고 동 대학원에서 석사과정을 마친 뒤 미국 하버드대에서 사회학 박사학위를 받았다. 서울대 대외협력처장, 미국 스탠포드대 후버연구소 방문교수(1998), 미국 샌디에고대 '국제관계 및 태평양지역연구대학원' 초빙교수(2005)를 역임했다. 현재 서울대 사회학과 교수로 재직하면서 대통령 직속 사회통합위원회 위원으로도 활동하고 있다.
저서로 『독 안에서 별을 헤다』 『한국 어떤 미래를 선택할 것인가?』 『한국사회 무슨 일이 일어나고 있나?』 『의사들도 할말 있었다』 『정치없는 정치시대』 『시장과 복지정치』 『한국 노동조합의 연결망 연구』(공저) 등이, 주요 논문으로 「Globalization and Social Policy in South Korea」 「The Birth of a Welfare State in South Korea : The Unfinished Symphony of Democratization and Globalization」 「빈곤노동 계층의 노동시장 구조와 정책」 「지방자치와 사회발전 : 리더십, 발전전략, 그리고 주민 참여」 「기업조직과 고용체계의 구조 변화」 「박정희 체제의 국가와 노동」 「Sociology of Work : The Winding Path to Industrial Democracy」 등이 있다.

차별 없는 사회

송자 명지학원 이사장

"스티브 호킹이 우리나라에서 태어났다면 과연 어떻게 되었을까요?"

"점쟁이가 되었을 겁니다."

"아닙니다. 점쟁이도 못 되었을 겁니다."

"점쟁이도 못 되다니, 왜 그렇죠?"

"우리나라에서는 점쟁이도 얼굴이 반듯해야 하는데, 호킹은 장애자인 데다 반듯하게 생기지도 않았기 때문입니다."

씁쓸한 이야기입니다만, 우리의 현실을 보여주는 이야기 아닐까요? 세상은 평등하지 않습니다. 개인이든 나라든, 타고난 능력과 여건이 다 다릅니다. 중요한 것은 기회의 평등입니다. 그러나 우리 사회에는 아직도 많은 차별이 존재하고 있습니다. 성별, 연령, 지연, 학연 등에 따른 차별이 그 대표적인 것들입니다. 우리는 하루빨리 이러한 차별을 없애야 합니다. 특히 장애자를 차별하는 악습은 무엇보다도 먼저 타파해야 합니다.

장애인이 지도자가 될 수 있는 사회

미국의 수도 워싱턴에는 미국의 역대 대통령 중 네 명을 기리는 기념관이 있습니다. 조지 워싱턴, 토머스 제퍼슨, 에이브러햄 링컨, 그리고 프랭클린 루스벨트 대통령입니다. 이 가운데 루스벨트 대통령이 장애인입니다. 루스벨트 대통령은 미국의 대공황을 극복하고 세계 2차대전을 미국의 승리로 이끌어 세계가 자유민주주의로 발전하는 데 크게 공헌한 위인입니다.

루스벨트 대통령 기념관에 가보면 의미심장하게 가슴에 와 닿는 것이 있습니다. 그가 장애인이었다는 점을 부각시킨 흉상입니다. 사람들은 이 흉상을 보면서 장애인에 대한 편견 없이 훌륭한 지도자를 알아보고 선택하는 용기와 지혜를 배우게 됩니다. 지도자, 즉 영웅은 민주사회에서는 시민이 선택하고 만드는 것입니다. 그러므로 민주사회의 시민은 편견을 버려야 합니다. 편견에 눈이 가려지면 인재를 알아보지 못하게 됩니다.

한국인으로 미국 정부에서 가장 높은 직위에 올랐던 백악관 직속 장애인위원회의 정책차관보 강영우 박사는 시각장애를 가지고 있습니다. 만일 그가 한국에 있었다면 그러한 자리에 올라갈 수 있었을까요? 아마 불가능했을 것입니다. 소수민족인 데다가 장애인인 그가 성공한 것은 미국이었기 때문에 가능했습니다. 그만큼 미국은 장애인에 대한 편견이 없으며, 장애인에게도 '당연히' 공평하게 기회를 주는 나라입니다.

부끄럽게도 우리 사회는 우리나라에 일하러 온 외국인 노동자나 장애인들을 배려하는 문화가 부족합니다. 나보다 부족한 사람을 차별하는 것이 아니라 도와주는 나라, 그런 나라가 격이 높은 나라가 아니겠습니까.

가장 멋없는 우리나라 정치

광화문 현판이 석 달도 채 안 되어 갈라진 어이없는 일이 벌어졌습니다. 지금 우리 사회는 모든 면에서 조급증에 걸려 있습니다. 물질적인 여유는 없어도 마음의 여유를 갖고 품격 있는 삶을 누렸던 선조들과는 상반된 삶을 살고 있는 것 같습니다. 특히 우리나라의 정치 분야는 그런 의미에서 가장 대표적인 모습을 보이고 있습니다. 한 치의 양보도 없이 싸움으로 일관하는 우리의 정치를 보면 정말 멋없다는 생각을 하게 됩니다. 멋이나 격조와는 거리가 멉니다. 척박하고 살벌하다는 느낌만 갖게 될 뿐입니다.

몸싸움은 격투기 선수에게 맡기면 됩니다. 굳이 국회의원들이 앞장서서 격투기를 선보일 필요는 없습니다. 그런데 우리 국회는 툭하면 폭력입니다. 오죽하면 미국의 한 외교 전문지가 난투극 분야에서는 대한민국 국회가 세계 최고라고 손꼽았겠습니까. 정부에서 국가 이미지를 높이겠다고 국가브랜드위원회라는 기구를 만들어 아무리 애쓰면 무슨 소용입니까. 벌었던 점수 한순간에 다 까먹지 않겠습니까. 그야말로 나라 망신 아닙니까.

안전 불감증, 어떻게 치료할 것인가

미국에 있을 때 그곳 대학의 안전에 관한 규칙이 매우 엄격하고 철저하게 지켜지고 있는 것을 보고 놀라움을 금치 못했던 기억이 있습니다.

예를 들어 한 강의에 학생들이 너무 많으면 다른 큰 강의실로 바꾸든지 분반을 합니다. 우리처럼 학생들이 문까지 가로막으며 강의를 듣는 일은 벌어지지 않습니다. 유사시에 신속하게 대피할 수 있어야 하기 때문입니다. 즉 안전하지 않으면 강의도 하지 않을 정도로 안전문화가 정착되어 있는 것입니다. 사고만 나지 않으면 안전수칙을 지키지 않아도 용서해주는 우리의 풍토와 비교되는 문화가 아닐 수 없습니다.

우리는 안전문제에 대해 너무 안이하게 생각하는 면이 있습니다. 지금까지 아무 일이 없었으니까 앞으로도 계속 그럴 것이라는 믿음을 가지고 있는 것일까요? 사고가 나면 안전수칙을 지키지 않아서가 아니라 재수가 없었기 때문이라고 생각하는 우리 사회가 부끄럽기만 합니다. 오죽하면 '안전 불감증'이라는 말이 나오겠습니까. 황당한 사고가 빈발한 탓에 한때 '사고공화국'이라는 별명을 얻기도 하지 않았습니까. 안전이 보장되지 않는 상황에서 국격을 따진다는 것이 무슨 의미가 있겠습니까.

안전문화의 정착은 반복교육을 통해 이루어질 수 있습니다. 반복에 반복을 거듭해 안전의식이 체질화되도록 해야 합니다. 안전에 관한 교육만큼은 지식을 전달하는 것으로 끝내면 안 됩니다.

우선 어려서부터 안전교육을 시작해야 합니다. 이 세상의 첫 번째 선생님인 어머니가 아기들에게 젖을 먹이면서 안전하게 사는 습관을 길러주는 것입니다. 안전문화 정착의 첫 번째 책임은 어머니와 아버지, 즉 가정입니다.

그다음은 유아원과 유치원의 책임입니다. 이때의 안전교육은 지식을 가르치듯 해서는 안 됩니다. 매일매일 반복 실천하는 생활교육이 되어야 합니다. 세 발 자전거를 탈 때, 차도를 건널 때 등 일상생활에서 안전수칙을 실천하게 함으로써 자연스럽게 몸에 배게 해야 합니다.

땀이 없는 결과는 없습니다. 안전문화의 정착을 위해 온 시민이 하나가 되어 노력하지 않으면 안 됩니다.

이러한 시민운동이 활성화될 때 안전문화는 정착될 것이고 우리의 삶의 질은 높아질 것입니다.

송자 1936년 대전 출생. 연세대 상학과를 졸업하고 미국 워싱턴대에서 경영학 석사학위와 박사학위를 받았다. 미국 코네티컷대 경영대학원 교수, 연세대 경영학과 교수를 거쳐 연세대 총장, 명지대 총장을 역임했다. 교육부장관을 지냈으며, 이후 ㈜대교 회장으로 부임하여 대기업을 이끌기도 했다. 지금은 사회복지법인 '아이들과 미래' 이사장, 명지학원 이사장을 맡고 있다.

저서로 『한 가지라도 똑부러지면 되는 거요』 『내가 세상에서 가장 잘한 일은 예수를 믿은 일이다』(공저) 『통일사회로 가는 길』 『모든 길은 시장으로 통한다』 『21세기 대학경영』 『회계원리』 『관리회계원리』 『관리경제학』 등이, 역서로 『원가회계』(공역) 등이 있다.

절정기 사회는 어떻게 오는가

문용린 서울대 교육학과 교수

위인들의 생애를 살펴보면 위대한 업적을 이룰 수 있게 한 어떤 중대한 계기와 개인의 역량을 풍부하게 키우는 시기가 있었음을 알 수 있다. 마찬가지로 한 사회나 한 민족의 역사적 전개에서도 이러한 발전의 계기와 역량의 배양 시기가 있다고 역사가들은 말한다. 예컨대 역사의 흐름을 좌우한 여러 강대국들의 흥망성쇠를 보노라면, 흥하게 된 결정적 계기를 발견할 수 있고 그에 따른 국력의 배양 과정을 엿볼 수 있다는 것이다.

미국 하버드대학의 하워드 가드너 교수는 사회 발전의 계기가 일어나고 활성화되는 시기의 사회를 '절정기 사회絕頂期 社會 · The Peak Society'라고 부르면서, 이 같은 절정기 사회 속에서 어떻게 비범한 인물이 키워지고 문화가 융성하는지를 연구한 바 있다. 그에 의하면, 세계 역사상 전형적인 절정기 사회는 BC 5세기경의 아테네, 예수 그리스도가 살아 있을 당시의 로마제국, 8세기 중국의 당 왕조, 중세 후반의 이슬람 사회, 15세기 이탈리아 도시국가들, 20세기 초 유럽의 중부 도시, 20세기 중반의 뉴욕이다.

절정기 사회에서 볼 수 있는 특징 중 하나는 개인과 가문, 지역 공동체들이 더 큰 공동체를 위해 헌신하고 희생하는 분위기가 고조된다는 것이다. 15세기 이탈리아 플로렌스 지방이 절정기 사회였을 때 그 지역의 명문가인 메디치 가문이 보여준 희생정신과 사회투자가 대표적이다. 엄청난 부와 권력을 가진 그들은 이를 더 큰 가치를 함양하는 데 활용했다. 즉 예술과 종교 같은 문화적 가치를 위해 자신의 힘을 양보하고 희생한 것이다. 다른 유력한 가문들이 더 많은 부와 권력을 쌓기 위해 오히려 더 각박하고 이기적으로 나아간 것에 비하면, 메디치 가문의 조치는 실로 파격적인 것이었다. 천대받던 예술가들을 인간적으로 대우했고 물심양면의 지원을 아끼지 않았다. 이에 힘입어 탄생한 인물이 바로 레오나르도 다 빈치, 미켈란젤로, 보티첼리, 브루넬레스키원근법을 발견한 건축가. 산타마리아 델 피오레 대성당 설계 등이다. 메디치의 양보와 희생은 피렌체라는 도시가 절정기 사회로 진입하는 데 강력한 불씨가 되었다.

일본의 절정기 사회는 미루어 짐작컨대, 메이지천황 시대와 1964년 도쿄올림픽 직후라고 생각된다. 오늘의 일본을 가능케 한 것은 이

두 시기의 절정기적 사회 특징이 뒷받침하고 키워준 인재와 사회문화의 힘이었다.

절정기 대한민국의 신호들

2010년은 대외적으로 G20 정상회의 개최라는 기념비적 사건이 있는 해이자, 국내적으로 6·25전쟁, 4·19혁명, 광주민주화운동이 일어난 지 각각 60년, 50년, 30년이 되는 해다. 각계각층의 개인이 사회와 국가를 위해 양보하고 희생하고 절제하는 분위기를 만들면, 이를 기반으로 우리 사회도 분명 절정기 사회에 도달할 수 있다.

우리는 이미 가까운 과거에 몇 번의 절정기 사회를 경험하기도 했다. 1988년 서울올림픽과 2002년 한·일 월드컵이 그것이다. 특히 2002 월드컵 신드롬은 우리 한민족의 놀라운 모습을 과시하면서 절정기 사회의 특징을 명백하게 보여주었다. 그때 보여준 일체감과 동질감은 국가와 민족, 그리고 타인을 위해 기꺼이 헌신, 봉사할 수 있는 힘찬 시민들이 한반도에 가득하다는 사실의 확인이었다. 시민들은 우리 대표팀을 응원하기 위해 거리로 거리로 몰려나왔고, 통닭집 사장들은 응원부대에 무료로 치킨을 제공하기도 했다. 88 서울올림픽 때는 시민들이 자발적으로 서울의 골목 구석구석을 청소하는 운동을 벌였다. 아등바등 살던 사람들이 한마음이 되어 소통한 것이다. 물론 일정한 한계는 있었다. 서민들의 뜨거운 참여에 비해 부유층의 동참은 상대적으로 미약했다. 만약 우리가 2010년을 계기로 이러한 한계를 뛰어넘어 온 국민이 화합할 수만 있다면, 우리는 그 어느 때보다 활기찬 절정기 사회를 맞이할 수 있을 것이다.

전망은 밝다. 우선 2010년은 우리 민족이 겪은 역사적 상처에 대해 함께 성찰해볼 수 있는 적절한 시점이다. 한·일병합과 안중근 의사 서거 100주년이라는 점은 주권 상실이라는 우리 민족의 아픈 경험을 회상하게 한다. 6·25전쟁 60주년은 분단의 아픔을, 4·19혁명 50주년과 5·18민주화운동 30주년은 독재의 시련을 상기하게 한다. 이러한 공통된 기억들이 우리 사회의 연대감을 높일 수 있다.

또한 세계사적으로 '아메리칸 스탠더드'가 '아시안 스탠더드'로 넘어가는 길목에서 한국이 G20 정상회의 의장국이 된 것은 '한강의 기적'의 신화를 떠올리게 한다. 주권 상실과 전쟁이라는 절망적 상황에서 이룬 신화의 재조명은 구성원들에게 새로운 시대에 대한 희망을 갖게 할 것이다. 2010년을 분수령으로 삼아 과거의 아픔으로 서로를 묶고, 미래에 대한 희망으로 서로를 북돋아 함께 앞으로 나아갈 수 있어야 한다.

'양보'와 '희생'이 절정기 사회를 만든다

절정기 사회는 아주 작은 단서에서 출발한다. 순자荀子는 "천리 길도 한 걸음에서 출발하는 것이고, 넓은 강도 작은 시내가 모여서 이룬다不積蹞步 無以至千里, 不積小流 無以成江河"고 말했다. 모든 일이 그렇다. 그렇다면 절정기 사회를 이루는 가장 작은 단서는 무엇일까? '양보'와 '희생'이다. 사회를 이루는 구성원들 속에 양보와 희생의 분위기 혹은 기풍이 일어날 때 절정기 사회의 조짐이 나타난다. 메디치 가문의 양보와 희생이 없었다면 피렌체가 르네상스 시대라는 절정기 사회의 주춧돌이 되지 못했을 것이다. 19세기 미국의 골드러시 때 금광이 발견된 지역을 향하던 수많은 사람들이 고된 여로에서도 먹을 것을 서로 나누고 도왔던 일도 이러한 맥락에서 해석할 수 있다.

가장 중요하고 필요한 것을 희생하고 양보할 때 상대방은 감동하게 마련이고, 이 감동이 다시 그의 양보와 희생을 유도하는 결과를 가져온다. 이렇게 양보와 희생은 어느 누군가 시작하면 꼬리에서 꼬리를 물고 계속 재생산된다. 결국 시간이 지나면 모든 이들이 양보와 희생의 고리로 연결되기에 이른다. 이것이 바로 절정기 사회가 시작되는 메커니즘이다. 한 집안의 경우를 보더라도 어느 한 사람이 양보와 희생으로 나오면 그 분위기가 확 달라진다.

모든 분쟁은 양보하지 않고 희생하지 않으려는 데서 일어난다. 현재 대한민국이 당면한 문제들의 핵심이 여기에 있다. 양보와 희생이 정치인들 사이에 조금만 더 활성화되면 그만큼 정치는 더 잘될 것이고 국민들의 신뢰는 커질 것이다. 우리 국민들 사이의 일상생활에서도 양보와 희생이 조금 더 많아지면 길거리의 싸움도 줄어들고, 이혼

율도 낮아지고, 청소년 비행도 사라질 것이다. 무엇보다 세계 최고의 자살률을 기록하는 나라라는 오명을 벗게 될 것이다.

물론 양보와 희생은 손해를 전제한다. 손해 볼 생각 없이 희생과 양보는 일어나기 어렵다. 그래서 희생과 양보가 어려운 것이다. 그것은 대단한 결단을 요구한다. 가진 사람일수록 이런 결단이 더 어렵다. 그래서 성경에도 "부자가 하늘나라에 들어가기는 낙타가 바늘구멍을 통과하는 것보다 더 어렵다"고 하지 않는가. 하지만 손해를 각오하겠다고 결단하는 사람이 많이 나올수록 절정기 사회는 더 빨리 도래할 것이며, 특히 사회·경제적 지위가 높은 계층에 이런 사람들이 많을수록 그 시기가 앞당겨진다는 것은 역사가 증명하는 사실이다. 우선적으로 개인의 결단이 요구되지만, 이런 결단이 격려되고 자기 보상이 이루어지는 사회적 풍토가 조성되어야 할 일이다.

'작은 영웅'이 많은 사회

'손해를 감수하고 양보와 희생을 실천한다'는 절정기 사회의 핵심적 미덕은 그냥 타고난 본성 속에 있는 것이 아니라 갈고 닦아서 윤을 내야 하는 것이다. 즉 교육을 통해서 연습되고 훈련되어야 한다. 그런 점에서 우리나라 교육은 미흡한 측면이 있다. 양보와 희생보다는 경쟁에서 이겨야 한다는 신념을 음으로 양으로 확대재생산하는 데 몰두하고 있기 때문이다. 이제 우리 교육도 달라져야 한다.

학생들의 이기적 출세와 성공을 도와주는 일에만 매달리지 말고, 그들을 소시민으로 키우는 것에 연연하지 말고, 그들이 더 보편적인 가치를 위해 손해를 감수하면서 희생과 양보에 앞장서는 '작은 영웅'이 되도록 도와주는 일에 더 몰입해야 한다.

교육에서 소시민화의 문제는 1960년대 미국에서 히피가 베트남전 참전을 반대한 것이 자기 자신의 안위를 더 걱정했기 때문일지도 모른다는 지적으로부터 대두되었다. 그런데 오늘날의 젊은이들도 당시의 히피처럼 '밥그릇' 걱정에 삶의 방향을 상실하고 소시민화하는 경향을 보이고 있다. 이렇게 소시민화가 만연한 때일수록 더욱 절실한 이상理想이 있다. 바로 '작은 영웅local hero'이다.

작은 영웅은 자신이 속한 공동체의 존립이나 보편적 가치인 자유, 인권, 평등 같은 가치를 위해 양보와 희생을 기꺼이 감수할 수 있는 사람이다. 이런 인류 보편의 가치를 추구하는 일상적인 영웅을 언제부턴가 사람들은 작은 영웅으로 부르기 시작했다. 몇 년 전 일본 도쿄의 한 지하철역에서 선로 위에 떨어진 일본인을 구하고 자신의 목숨을 던진 한국 유학생 김수현 같은 이가 작은 영웅의 본보기다.

작은 영웅이 절정기 사회를 만든다. 작은 영웅이 많은 사회가 곧 절정기 사회다. 그런 작은 영웅을 만드는 일이 현재의 어른들이 부여받은 최고 임무다. "좋은 일을 하려고 자신의 손해를 감수하는 작은 영웅이 훌륭하다"며 선생님과 학부모들이 아이들에게 가르쳐야 한다. 친절해서 손해를 보더라도 친절 그 자체에 의미가 있다고 자랑스럽게 말해주어야 한다. 인류 보편의 가치를 가르치는 어른들, 그들의 가르침을 받고 자란 미래의 작은 영웅들이 우리 사회를 절정기 사회로 이끈다.

문용린 서울대 교육학과를 졸업하고 동 대학원에서 석사과정을 마친 뒤 미국 미네소타대에서 교육심리학으로 박사학위를 받았다. 교육부장관을 역임했으며, '다중지능이론'을 국내에 처음으로 소개하여 교육계에 바람을 일으키기도 했다. 30년째 서울대학교 교육학과 교수로 재직 중인 교육계의 석학으로, 서울대 도덕심리연구실에서 도덕성이 아이들의 성장발달에 끼치는 영향에 대해 중점적으로 연구하고 있다. 긍정심리학회 초대 회장을 맡고 있다.
저서로 『나는 어떤 부모인가』 『부모들이 반드시 기억해야 할 쓴소리』 『열살 전에 사람됨을 가르쳐라』 『부모가 아이에게 물려주어야 할 최고의 유산』 등이, 역서로 『비범성의 발견』 『콜버그의 도덕성 발달이론』 『다중지능 인간지능의 새로운 이해』 『열정과 기질』 『통찰과 포옹』 『다중지능』 『GOOD WORK』 『아들 심리학』 등이 있다.

희망이 전부다

차동엽 신부

필자가 중학교에 다닐 때 공부하던 영어 참고서에 다음과 같은 명구가 있었다.

"Boys, be ambitious! 소년이여, 야망을 가져라!"

나이가 들수록 필자는 이 말의 메시지를 더욱 수긍하게 된다. 야망이 없는 소년은 이미 소년이 아닌 것이다. 야망은 탐욕이나 사욕과는 다르다. 소아가 아닌 대아를 위해, 나라를 위해, 인류를 위해 큰 꿈을 품는 것을 야망이라 일컫는다. 필자는 이를 조금 과장해서 '망상'으로 바꿔 부르기를 더 좋아한다.

"소년이여, 망상을 품어라!"

이렇게 미리 망상이라 불러놓으면 '헛된 꿈 꾸지 마라'는 주변의 비난에도 아랑곳하지 않을 명분이 생기기 때문이다. 비단 소년뿐이랴. 누구든 망상, 곧 헛된 것으로 보일 만큼 큰 꿈을 품을 줄 알아야 한다. 나이도, 능력도, 환경도 꿈을 이루는 데는 장애물이 될 수 없다. 하지만 많은 사람들이 자신의 능력을 과소평가하여 목표를 낮추고 무사안일한 삶에 안주하며 산다.

이런 까닭에 평소 화내는 일이 거의 없는 필자를 화나게 만드는 말이 하나 있다. 바로 '안 된다'라는 말이다. 왜 해보지도 않고 안 된다고 하는가. 끝없는 도전이 실패로 돌아가더라도 또 다른 가능성이 아직 남아 있기에, 안 된다는 주장은 여전히 진실이 아니다.

그래서 필자는 오히려 기회 있을 때마다 사람들에게 의도적으로 허풍 칠 것을 권유한다. '두고 봐, 내가 잘되는지 안 되는지' '나는 무조건 할 수 있다고'….

나는 꿈이 무섭다

필자가 이런 말을 권하는 데는 미래에 대한 허황된 낙관주의가 결코 무용하지 않다는 체험이 깔려 있다. 필자는 꿈의 성취로 점철된 인생을 살았다. 오죽했으면 스스로 '나는야 망상가'임을 선포하며 "나는 꿈이 무서워요. 꾸는 것마다 다 이루어지니까요"라고 농담 삼아 말하기를 즐길까.

초등학교 시절 필자는 관악산 기슭 난곡동에서 살았다. 어쩌다 산꼭대기에 올라가면 서울대 전경이 한눈에 들어왔다. 그때부터 '저기 가고 싶다!'는 꿈을 품었다. 가정환경이 극도로 좋지 않아 장학금을 주는 유한공고에 진학하는 바람에 입시 공부가 더 어려워졌지만, 결국 서울대에 합격했다.

이후 유학은 꿈도 꿀 수 없는 곤궁 속에서 필자는 또 유학을 꿈꾸었다. 그랬더니 오스트리아 빈대학과 미국 보스턴대학, 그리고 독일 뷔르츠부르크대학 등지에서 40살까지 전부 공짜로 신물 나게 공부하게 되었다.

해군 학사장교 훈련 시절의 꿈도 이루어졌다. 보초를 서면서 동료와 함께 이야기를 나누다가 '대중적인 작가가 되는 것, 그리고 연구소 소장이 되는 것이 꿈'이라고 했는데, 실제로 지금의 필자가 되었다. 『무지개 원리』가 출간되었을 때에도 필자는 황당무계하게 '밀리언셀러'를 꿈꾸었다. 그 또한 지금 그대로 되었다.

그래서일까? 필자는 400년 전 세르반테스가 『돈키호테』에서 노래한 희망가를 들을 때마다 새삼 피가 끓어오름을 느낀다.

이룩할 수 없는 꿈을 꾸고
이루어질 수 없는 사랑을 하고
싸워 이길 수 없는 적과 싸움을 하고
견딜 수 없는 고통을 견디며
잡을 수 없는 저 하늘의 별을 잡자

세르반테스는 이 희망가를 50이 넘은 나이에 감옥에서 불렀다. 그리고 그의 '허황된' 희망은 이윽고 『돈키호테』가 세기적인 불후의 명작이 되어 금의환향함으로써 현실로 이루어졌다. 망상이 일을 낸 것이다.

미래는 꿈속에 존재한다

누구에게나 망상은 생긴다. 하루에도 수없이 별별 생각이 우리 머릿속을 들락날락한다. 이처럼 왔다가 가는 망상을 잡지 않으면 그것은 그저 잡념으로 그치고 만다. 하지만 계속 품고 있으면 망상은 위대한 기적의 모태가 된다.

망상을 품지 않으면 실패할 확률이 0%이지만, 동시에 기적이 일어날 확률도 0%이다. 망상을 품으면 실패할 확률이 높아지지만, 적어도 기적이 일어날 확률이 0%에 고착되지는 않는다. '망상가' 소리 듣는 것을 두려워하면 죽었다 깨어나도 선구자가 될 수 없다.

그런데 아이러니컬하게도 망상이 현실이 되고 나면 망상은 더 이상 망상이 아니라 '꿈' 내지 '비전'으로 격상되는 평가를 받는다. 그러면서 전세가 뒤집혀 이전까지만 해도 망상을 '헛된 생각'이라고 비아냥대던 이들의 생각이 오히려 '진짜 망상'으로 판명되어 박제剝製된 채 역사의 유물로 남게 된다.

망상이라 해도 좋고 꿈이라 해도 좋다. 세계에서 가장 큰 미래문제연구단체인 코펜하겐의 미래학연구소 소장을 역임한 롤프 옌센은 『드림 소사이어티』에서 꿈의 중요성을 이렇게 역설한다.

"미래는 확실성이 아닌 꿈으로 만들어져 있다. 미래는 물리적인 세계가 아니라 우리의 사고와 꿈속에 존재한다. (…) 비행기도 꿈이었다. (…) 미래는 꿈이라는 재료로 만들어진다. 이런 상황에서 모든 사업가는 훌륭한 소설가가 이야기를 상상하듯이 사업의 미래를 상상해야 한다."

필자는 이 말에 100% 공감한다. '미래는 꿈속에 존재한다.' 이것이 바로 우리가 꿈을 품어야 하는 이유다.

그러면 어떻게 해야 꿈을 더 잘 이룰 수 있을까? 그것은 보다 섬세하게 규명되어야 할 문제다. 이에 대해 필자는 졸저 『무지개 원리』에서 귀납적으로 검증된 일곱 가지 요소의 역학을 소상히 밝혔다.

사람은 힘들 때 스트레스를 받는다?

희망은 꼭 필요하다. 언젠가 성취되기에 품어야 하는 것일 뿐 아니라, 고달픈 삶의 여정에서 우리를 지치지 않게 하는 에너지의 원천이기도 하기 때문이다. '우리는 언제 지치고 고달픈가?'라는 물음에 세계적인 임상심리학자 슬로모 브레즈니츠 박사는 '희망이 없을 때'라는 다소 엉뚱한 답을 제시한다. 그것은 다음과 같은 실험 결과를 근거로 한 것이었다.

그는 이스라엘 육군의 훈련병들을 4개 조로 나누어 완전군장을 한 채 20킬로미터를 행군하도록 했다. 단, 각 조마다 조건을 달리 했다. 1조에는 행군 전에 거리를 미리 알려주고 5킬로미터마다 남은 거리를 확인시켜 주었다. 2조에는 지금부터 먼 거리를 행군한다고만 말했다. 3조와 4조에는 행군 거리를 알려주는 대신 도중에 거리를 더 늘리거나 줄일 수 있다고 말했다.

결과는 흥미로웠다. 정확히 20킬로미터라는 거리와 중간중간 자신의 현재 위치를 알고 행군한 1조가 가장 사기가 높은 것으로 나타났다. 물론 스트레스는 가장 낮았다. 반면에 행군 거리와 지점을 전혀 모른 채로 이동한 2조는 사기가 제일 떨어지고 스트레스는 가장 많이 받은 것으로 드러났다.

이 실험은 인간에게 편안함이나 어려움보다 희망과 절망이 중요한 문제이며, 인간이 가장 큰 스트레스를 받을 때는 어려울 때가 아니라 희망이 없을 때라는 사실을 아주 잘 말해준다.

우리는 언제 스트레스를 받는가? 주어진 일이 힘들 때가 아니다. 왜 의욕이 떨어지는가? 삶이 고달파서가 아니다. 그렇다면 스트레스를 받는 때는 언제이며, 의욕이 떨어지는 이유는 무엇인가? 희망이 없을 때 스트레스를 받으며, 꿈과 목표가 없기 때문에 의욕이 떨어진다. 희망이 있고 없음은 그만큼 중요하다. 희망이 있는 한 어떤 역경도 더 이상 못 넘을 산이 아니요, 어떤 난관도 더 이상 장애물이 아니다.

희망은 우기는 것

필자는 희망의 롤 모델로 유대인을 첫손에 꼽는다. 그들은 희망으로 잉태되어 희망을 향하여 사는 민족이라 해도 과언이 아니다. 우리에게도 유명한 상징이 된 '젖과 꿀이 흐르는 가나안 땅'은 그들이 품은 희망의 핵심이었다.

예전에 필자는 유대인들의 오래고 강한 희망의 실체를 알아보려고 희망을 뜻하는 히브리어를 음미하던 중 큰 깨달음을 얻었다. 우선, '희망'과 '밧줄'이라는 뜻을 동시에 갖고 있는 '틱바tikvah'라는 단어를 들 수 있는데, 그 발상이 참 재미있다. 희망은 다른 것이 아니라 절체절명의 궁지에 처해 있을 때 꽉 붙잡고 살아남기 위한 동아줄과 같다는 것이다. 이러니 희망은 얼마나 절박한 선택인가!

'야할yachal'이라는 단어에도 '희망'과 함께 '절망을 부정하는 선언'이라는 뜻이 담겨 있다. 시쳇말로 '희망은 우기는 것이다'라고 풀이할 수 있다. 바로 여기에 희망의 진수가 있다. 얼마나 멋있는 발상인가! 모두가 끝장이라며 포기할 때, "아니야, 아직 안 끝났어"라며 우기는 것, 그것이 희망이라는 말이다.

얼마나 가슴 찡한 인생철학인가. 그런 희망이 있다면 두려워할 것이 무엇이고 못할 것이 무엇이랴. 바로 그렇기 때문에 필자는 언제나 희망 전도사를 자임하며 '절대 희망' '무조건 희망'을 주창하고 다니는 것이다.

희망은 개인의 인생만이 아니라 국가의 미래도 좌우한다. 필자는

21세기 글로벌 경쟁력이 희망에 달려 있다고 믿는다. 희망은 지속가능한 국가 경쟁력의 원천이자 수준 높은 사회의 촉진제다. 대한민국의 미래 역시 야망이건, 망상이건, 꿈이건, 비전이건 희망의 다른 이름들이 한껏 기량을 발휘할 때 활짝 열리게 될 것이다.

차동엽 1981년 서울대 공대를 졸업하고 해군 OCS 72기로 군복무를 마친 후, 서울가톨릭대학, 오스트리아 빈대학, 미국 보스턴대학(교환 장학생) 등에서 수학했으며 오스트리아 빈대학에서 박사학위를 받았다. 1991년 사제로 서품되었고 천주교 인천교구 강화본당 주임신부, 천주교 인천교구 고촌본당 주임신부, 천주교 인천교구 하성본당 주임신부, 인천교구 미래사목연구소 소장 등을 역임했다. 현재 인천가톨릭대 교수 및 미래사목연구소 소장으로 봉직하면서 '인생해설가'로 왕성한 방송 · 강연 활동을 전개하고 있다.
저서로 『명사들이 다시 쓴 무지개 원리 : 실천편』 『무지개 원리』 『뿌리 깊은 희망』 『행복선언』 『맥으로 읽는 성경』 『통하는 기도』 등이 있다.

국격은 인격의 합이다

공병호 공병호경영연구소 소장

개개인의 인격을 보면 그 나라의 국격을 알 수 있다. 국격을 높이려고 상당한 예산을 투입하여 캠페인을 벌이고 잘 알려진 세계적 미디어에 광고를 내보내지만, 이보다 더 중요한 일은 '국격이 국민 개개인이 가진 인격의 합'이라는 가설을 인정하고 한 사람 한 사람의 인격을 가다듬는 것이다. 결코 하루아침에 이룰 수 없는 지난한 과제다. 아무리 빠른 세상이라고 해도 10년, 아니 한 세대를 경과해야 할지도 모른다. 캠페인이나 국제회의 유치 같은 행사에 큰 비중을 두어 단기간에 국격을 높여 보이겠다고 서둘러서는 안 되는 이유가 여기에 있다. 모든 일의 우선순위에서 개개인의 인격 높이기를 첫 번째로 두고 개인이 무엇을 해야 하는지, 그리고 국가가 무엇을 해야 하는

지를 생각해서 지속적으로 실천해야 한다.

한 사람의 인격은 개인이 그것의 중요성을 인지하는 정도와 노력 여부에 따라 크게 달라진다. 매일매일의 일상 속에서 스스로를 성찰하고 개선하는 사람과 그렇지 않은 사람의 인격은 시간이 갈수록 차이가 벌어질 수밖에 없다. 그런데 인격을 알아본다는 것은 어떻게 가능할까? 인격이 드러나는 모습은 구체적으로 어떤 것일까?

어떤 사람이 교양인인가

인격이 쉽게 판단하기 어려운 내면적 가치라면, 이것이 외부로 드러나는 모습은 교양을 통해서일 것이다. 우리는 어떤 사람을 두고 '교양 있는 사람'이라거나 '양식 있는 사람'이라는 말을 자주 사용한다. 교양과 양식으로 그 사람의 인격을 가늠하는 것이다. 교양 있는 사람은 곧 인격 있는 사람으로 받아들여진다. 그렇다면 이 시대가 요구하는 교양은 무엇일까? 사람에 따라 교양의 정도를 판단하는 기준이 조금씩 다를 수 있겠지만, 필자는 무엇보다 자기가 하는 일에 어떤 태도를 보이느냐가 관건이라고 생각한다. 누가 보든 보지 않든 자신이 몸담은 일의 세계에서 어느 누구보다 충실한 태도를 견지하는 사람은 일단 교양 있는 사람이라고 보아도 무방하다. 성심성의를 다해 자신의 업을 수행하는 사람이라면 다른 일에서도 그렇게 할 가능성이 한층 높다. 무슨 일이든 열심히 하는 사람이 교양인이다.

사용하는 말과 글도 교양인을 이루는 주된 구성요소다. 대화에서 비속어를 자주 사용하거나 인터넷에서 댓글을 달거나 트위터에 글을 쓸 때 상대방에게 불쾌감을 줄 정도의 언어 습관을 가지고 있는 사람은 교양인이라고 할 수 없다. 교양인은 같은 말이라도 듣기 좋게 품위를 지켜가며 할 줄 안다. 자연 인간관계가 좋을 수밖에 없다.

공공장소는 교양과 비교양의 차이를 극명하게 보여주는 곳이다. 휴지를 정해진 장소에 버리는 일, 다 함께 사용하는 물건을 조심해서 다루고 깔끔하게 뒤처리하는 일, 자동차를 운전할 때 정해진 교통규칙을 지키는 일, 전철을 이용할 때 순서를 지켜 타고 오르는 일, 낮은 소리로 짧게 통화하는 일 등은 교양인이라면 누구나 갖추어야 할 기본 예절이다.

필자는 이따금 지방에 갔다가 야간 KTX를 타고 서울역에 내릴 때가 있다. 어지럽게 널려 있는 신문이나 반쯤 남은 물병이 여기저기서 눈살을 찌푸리게 한다. 시위나 집회를 마치고 난 다음의 풍경도 한밤중의 서울역과 크게 다를 바가 없다. 버린 사람들은 하고 싶은 소리, 쌓인 울분을 다 쏟아내고 갔을 테지만 남아서 그것을 치워야 하는 사람의 심신은 어두운 산처럼 무겁기만 하다. 영화관에서 확인하는 한국인의 자화상도 언급하지 않을 수 없다. 씨너스이수의 정상진 대표는 한 기고문에서 지난 10여 년간 멀티플렉스는 급격히 늘어나고 서비스도 좋아졌지만, 과연 그만큼 사람들의 의식이나 수준이 따라왔는지를 묻는다. "영화가 끝난 후 불이 켜진 상영관을 보면 누구나 놀랄 것이다. 쓰레기장이 아닌가 싶을 정도로 지저분하다. 팝콘의 용도는 먹는 것이 아니라 바닥에 쏟는 것 아닌가 하는 생각이 들 정도다."

한 사람 한 사람이 조금만 신경을 쓴다면 그런 볼썽사나운 모습은 사라질 것이다. 거리도 깨끗해지고 공연장도 쾌적한 공간으로 바뀔 것이다. 문제는 자기만 편하면 된다는 사고방식에 젖은 무신경한 사람들이다. 그들이 달라지지 않는 한 사회가 아무리 경제적 부를 일군다 해도 좋은 사회일 수 없다. 그런 면에서 공공장소는 개인의 인격뿐 아니라 한 나라의 국격을 나타내는 징표에 다름없다.

차이를 인정하고 배려하는 문화 또한 교양의 정도를 나타내는 중요한 기준이다. 사람은 모두 같을 수 없다. 남녀가 다르고 노소가 다르고 인종과 국적이 다르다. 배움의 다소와 배려의 정도가 정비례하는 것도 아니다. 이런 사실을 받아들이고 상대를 있는 그대로 인정할 줄 아는 데서 교양은 싹튼다. 일례로 식당에서 종업원을 대하는 태도가 바른 사람은 교양을 갖추었다고 볼 수 있다. 그런 교양을 갖춘 사람은 비즈니스에서도 긍정적인 결과를 가져온다. 실제로 식당에서 보이는 태도를 보고 비즈니스 상대를 판단한다는 사람들이 있다. 교양 있는 사람이 일을 그르치거나 약속을 게을리할 리 없기 때문이다.

근래 우리 사회에는 외국인들이 부쩍 늘었다. 다문화 가족이 증가하고 직장 때문에 한국에 체류하는 사람들도 점증하는 추세다. 그 어느 때보다 어울려 살 줄 아는 지혜가 필요해졌다. 차이와 차별을 구분할 줄 아는 교양이 절실해졌다. 피부색이 다르다고 해서, 언어가 다르다고 해서 사람들을 깔보거나 배척하는 일이 생긴다면 다문화 사회에서 이보다 더 큰 불행의 씨앗도 없을 것이다. 어느 누구를 대하든 동등하고 공정하게 하는 것만이 불행을 막고 건강한 사회를 만드는 유일한 길임을 명심해야 한다.

어떻게 인격을 성장시킬 것인가

개인적으로 인격의 수준을 끌어올리는 방편은 무엇일까? 앞에서도 잠깐 언급했지만 무엇보다 인격의 중요성을 재인식하여 직업적 성장과 함께 인격적 성장을 동시에 추구해야 한다. '살아가는 일은 곧 성장하는 일이다'라는 말처럼 우리가 인간으로서 존재하는 이유는 나날이 성장하는 데 있다. 성장하려면 전문지식을 키우고 교양을 갈고 닦아야 한다. 그런 차원에서 볼 때 최근 몇 년간 바람처럼 불고 있는 책 읽기 운동이나 독서경영은 바람직한 현상이다. 개인뿐만 아니라 공공의 의식수준을 높이는 데 일정한 역할을 할 수 있을 것이다. 여기서 더 성장하려면 자신의 업에서 진정한 내공을 갖추기 위한 나만의 수행이 필수적이다.

개인 차원과는 별도로 국가 차원에서 국민 개개인의 인격을 제고하는 방법도 강구해야 한다. 역시 출발점은 언어다. 비속어나 저속어가 방송을 타는 일을 엄격하게 규제해야 한다. 특히 일반인들에게 큰 영향을 미치는 공인의 언어 습관에 대한 지속적인 계몽이 필요하다. 언어를 올바르게 사용하도록 이끄는 것만으로도 국민 전체의 교양을 높일 수 있다.

기본 질서의 중요성을 환기하고 이를 지키도록 강제하는 일도 병행되어야 한다. 법의 엄정한 집행은 그런 차원에서 반드시 관철해야 한다. 지위 고하를 막론하고 법 앞에서는 모두가 평등하다는 사실을 체감할 수 있도록 해야 한다. 사회의 질서를 유지하는 것은 물론 평소에도 구성원들이 자기 행동에 대해 주의와 책임의식을 높이 가지도록 하기 위해 반드시 선결되어야 할 문제다. 이런저런 명분으로 법의 존엄성을 훼손하는 일이 일어난다면 그 누가 법 앞에서 두려움을 갖겠는가.

그럼에도 불구하고 품위와 교양, 그리고 인격을 고양하는 일차적인 책임은 개인에게 있다. 스스로 더 나은 사람이 되겠다는 의지와 끊임없는 실천이 품격 있는 인생의 원천이다. 그런 인격들이 모여 한 나라의 국격을 이룬다. 당신은 지금 이 순간, 자신을 위해, 이 사회를 위해 어떤 노력을 기울이고 있는가?

공병호 고려대 경제학과를 졸업하고 미국 라이스대에서 경제학으로 박사학위를 받았다. 나고야대 객원연구원, 한국경제연구원 연구위원을 지냈으며, 자유기업센터와 자유기업원 초대 소장 및 원장, (주)인티즌과 코아정보시스템의 대표이사를 역임하였다. 현재 (주)교보생명, S&TC의 사외이사와 공병호경영연구소(www.gong.co.kr) 소장으로 일하고 있다. 특히 2004년부터 개인을 위한 One-day Program인 '공병호의 자기경영 아카데미'를 시작하여 커다란 반향을 일으켰다. 국내 최고의 자기경영 · 변화관리 · 경제경영 전문가로 인정받고 있으며, 연간 300회 이상의 강연회를 비롯, 다양한 방송활동과 경영자문으로 맹렬히 활동 중이다.
저서로 『10년 후 한국』 『변화경영, 창조경영』 『공병호의 자기경영노트』 『공병호의 초콜릿』 등이 있으며, 이제까지 총 70여 권의 책을 썼다.

역사와 국격

남경태 인문학 저술가

'디그니티dignity'라는 영어 단어는 보통 '존엄성'이라는 뜻으로 쓰이지만, '자존심'이나 '체면'을 뜻하기도 한다. 쓸데없는 자존심이나 허식적인 체면이 아닌 품위와 기품을 갖춘 자존심과 체면을 가리킨다. 개인적 품성과 관련된 디그니티의 용도를 조금 확장하면 한 나라에도 그대로 적용될수 있다. 나라도 일종의 법인法人인 만큼 자존심과 체면이 있으니까.

개인의 디그니티에 그가 살아온 내력이 반영되어 있듯이, 국가의 디그니티도 저절로 생기는 것이 아니라 지나온 역사를 통해 형성, 변화되는 것이다. 언뜻 생각하면 경제적으로 풍요해야만 디그니티가 가능할 듯싶지만, 안빈낙도安貧樂道라는 말이 있는 것을 보면 꼭 그런 것만도 아니다. 이를테면 온갖 추잡한 방식으로 부동산을 사들여 졸부가 된 부자에게는 디그니티가 있을 수 없다. 마찬가지로 국가의 디그니티도 경제적 부국이라고 해서 자동적으로 따르는 게 아니라 건강한 역사를 가진 국가만이 누릴 수 있는 명예다.

카이사르가 갈리아 원정에 나선 진짜 이유

17세기 영국에서 국민주권의 관념이 생겨나기 전까지만 해도 동·서양 어느 나라를 막론하고 국가의 주인은 지배계급이었다. 따라서 지배계급의 행동양식은 곧 국가의 디그니티를 좌우하는 중요한 요소였다. 이 점을 표상하는 개념이 '노블레스 오블리주 noblesse oblige', 즉 '상류층의 의무'라는 용어다.

선진국의 관문인 OECD에 가입하면서 우리 사회에서도 노블레스 오블리주가 자주 운위되는데, 사실 여기에는 한 가지 큰 오해가 있다. 힘 있는 자가 힘없는 자를 보호하는 미덕, 가진 자가 못 가진 자를 돕는 기부를 노블레스 오블리주의 요체인 것처럼 생각하는 태도다. 이러한 생각은 노블레스 오블리주가 상류층의 도덕에 의존하는 것이고, 해결책 또한 상류층의 인도주의에 호소하는 길밖에 없다는 결론에 다다르게 만든다.

그러나 노블레스 오블리주는 본래 역사적으로 형성된 개념이다. 지금은 프랑스어로 널리 알려져 있지만, 어원이 라틴어인 데서도 짐작

할 수 있듯이 그 기원은 로마 시대에 있다. 유명한 로마군단의 지휘관들이 전장에서 병사들을 이끌고 싸우다 전사한 역사적 경험에서 노블레스 오블리주가 나왔다. 여기서 주의할 것은 로마의 장군들이 도덕적으로 고결했기 때문에 제 의무를 다하려 애쓴 게 아니라는 점이다.

그 점을 잘 보여주는 예가 카이사르다. 폼페이우스, 크라수스와 함께 삼두체제를 형성했던 카이사르는 다른 두 라이벌에 비해 보잘것없는 처지였다. 폼페이우스는 동방의 숙적 파르티아와 싸운 로마의 '국민장군'이었고, 크라수스는 막대한 재산을 무기로 삼은 '국민부호'였다. 이에 비해 카이사르는 명문귀족 출신이라는 것 외에는 내세울 게 없었다. 야전군을 지휘한 경험이 전무한 그가 위험한 갈리아 원정길에 나선 이유도 바로 이런 자신의 약점을 보완하기 위해서였다.

아무리 영웅이라 해도 카이사르가 스스로 원해서, 혹은 로마에 대한 애국심만으로 낯설고 거친 곳으로 원정을 떠났을까? 고결한 동기가 전혀 없지는 않았겠지만, 그보다는 로마의 초대 황제가 되겠다는 정치적 야심이 더 크게 작용했을 것이다. 그 야망을 위해 카이사르는 목숨을 건 도박을 감행했다. 군사적 업적이 없으면 최고 지배자로서 자격 미달이라고 보는 당시 로마 시민들의 정서를 무시할 수 없었다. 이렇듯 노블레스 오블리주는 개인적 도덕이나 용기와 무관하게 로마의 사회적 메커니즘에 깊이 내재해 있었다.

동양의 왕들은 왜 전쟁터에 나가지 않았을까

그에 반해 동양의 역사는 확연한 차이를 보인다. 카이사르가 활약했던 비슷한 시기에 중국 한漢제국에서는 황실 외척인 왕망이 궁정 쿠데타를 일으켜 한제국을 무너뜨리고 신新을 세워 16년간 통치했다. 바로 이 사건을 계기로 전한과 후한이 나뉜다. 만약 카이사르가 동양 세계에서 패권을 노리는 후보였다면, 그는 아마도 전공을 쌓으려 하기보다 쿠데타로 황실을 뒤엎고 새 제국을 건설하는 방식을 취했을 것이다. 동양은 대대로 왕조 사회였기 때문이다.

동양식 왕조 사회에서 중요한 것은 천리天理, 즉 하늘의 뜻이었다. 지배자의 자격도 로마처럼 국민의 인기와 지지가 아닌 천리에 따랐다. 그랬기에 동양의 지배자는 카이사르와 같은 모험을 감행할 필요도, 이유도 없었다. 역대 중국 왕조의 지배자들 가운데 직접 군사를 거느리고 고비사막을 넘은 황제는 명제국 초기의 영락제가 유일하다. 사실 따지고 보면 그것도 조카의 제위를 불법으로 찬탈한 행위를 무마하기 위한 제스처에 불과했다.

권력의 원천이 국민에 있지 않았기 때문에 동양의 지배자는 국민에 대한 의무보다 사직社稷에 대한 의무를 더 중시했다. 극단적으로 말하면, 전란이 일어나 국민 대다수가 죽는다 해도 사직을 보존하는 게 더 급선무였다. 그런 사례는 우리 역사에서도 찾아볼 수 있다. 거란이 북쪽에서 침략했을 때 고려의 국왕인 현종은 맨 먼저 남쪽 멀리 전라도 나주까지 도망쳤고, 일본이 임진왜란을 일으켜 남쪽에서 침략했을 때

조선의 국왕인 선조는 야음을 틈타 궁궐에서 몰래 빠져나와 북쪽 멀리 의주로 피신했다. 심지어 공화국 시대에도 대한민국 초대 대통령인 이승만은 한국전쟁이 발발한 지 겨우 사흘 만에 한강 인도교를 끊고 남쪽으로 도망쳤다.

지금 같으면 비열한 지배자로 매도되겠지만 왕조 시대의 현종과 선조를 도덕적으로 비난할 수만은 없다. 가장 중요한 것은 사직의 보존이고 이를 위해서는 우선 군주가 살아남아야 했으니까. 물론 이승만은 경우가 다르다. 왕조 시대가 아니므로 그런 변명도 통하지 않는다. 문제는 이런 사회적 메커니즘에서는 지배층의 노블레스 오블리주가 원천적으로 불가능하다는 점이다.

로마제국을 세운 아우구스투스는 사실상의 황제였으나 공식 직함은 프린켑스princeps, 즉 '최고 시민'이었다. 서양의 역사 전체를 통틀어 국가 전체를 소유하고 지배하는 전제군주는 없었다. 이에 비해 동양의 군주는 제국의 체제가 갖추어진 기원전 3세기부터 그 체제가 붕괴한 20세기 초까지 수천 년 동안 천리를 부여받은 절대 권력자였고 국가 전체의 오너로 군림했다.

국격을 높이는 지름길

동·서양의 서로 다른 지배구조와 사회적 메커니즘의 성격은 역사에서도 중대한 차이를 낳았다. 동양은 '안주'했고 서양은

'실험'했다. 고대의 강국을 형성하는 데는 동양식 전제체제가 단연 효율적이었다. 직접적인 접촉은 없었지만 15세기까지 동양의 힘은 인구, 군사력, 경제력, 문화 등 모든 면에서 서양을 크게 앞질렀다. 하지만 동양식 체제의 강점은 결국 약점이 되어 발목을 잡았다. 일찍부터 안정된 질서를 확립한 동양은 그 체제에 안주한 반면, 처음부터 체제상의 허점을 안고 출발한 서양은 끊임없는 체제 실험을 통해 사회적 메커니즘을 발전시켰다. 가장 중요한 실험은 다름 아닌 '혁명'이었다.

혁명은 서양이 스스로를 업그레이드하는 과정에서 역사 발전의 중대한 모멘트가 되었다. 주지하다시피 역사를 강하게 만드는 데서 혁명만큼 획기적인 요소도 없다. 물론 당대에는 커다란 고통이지만, 마약을 끊는 고통을 고통이라고 말하지 않는 것처럼 구체제의 오랜 역사적 폐단을 근절하는 혁명은 결코 무용한 고통이 아니다.

여기서 우리는 노블레스 오블리주와 혁명, 디그니티의 밀접한 함수관계를 알 수 있다. 노블레스 오블리주가 불가능했던 동양은 정권과 왕조의 교체는 많았으나 체제 자체를 바꾸는 혁명이 부재했다. 반면 노블레스 오블리주를 사회적 메커니즘으로 수용했던 서양은 여러 차례의 혁명을 통해 역사 발전의 정답을 찾아냈다. 그 결실이 바로 국가의 디그니티다.

역사가 낳은 결함을 지금의 우리가 어쩔 수는 없다. 중요한 것은 지금 이후다. 역사에 생략이나 비약은 없어도 지름길은 있다. 서구 역사의 과정에서 드러난 시행착오를 '선발주자의 페널티penalty'로 삼고

'후발주자의 베네핏benefit'을 활용한다면 충분히 지름길을 찾을 수 있다. 지름길을 찾는다면 국가의 디그니티를 세우는 일도 더욱 명징해질 것이다. 그러기 위해서는 먼저 역사에서 무엇이 문제였는지를 확실히 짚고 넘어가는 것이 급선무다. 첨단의 시대에 역사 비판이 중요한 이유가 여기에 있다.

남경태 서울대 사회학과를 졸업하고 사회과학 출판운동에 종사했다. 현재 인문학의 대중화에 뜻을 두고 사회과학 서적들을 쓰고 번역하는 일에 매진하고 있다. MBC 라디오에서 주말 역사 프로그램 「타박타박 세계사」를 진행하면서 이따금 역사와 철학을 주제로 인문학 강의를 한다. 저서로 『역사 : 사람이 알아야 할 모든 것』 『철학 : 사람이 알아야 할 모든 것』 『개념어 사전』 『한눈에 읽는 현대철학』 등이 있으며, 역서로 『비잔티움 연대기』 『반 룬의 예술사』 『소크라테스와 아침을』 등이 있다.

증오를 넘어 소통으로

이훈범 중앙일보 J 부장

노무현 정권에서는 '노무현 탓'이란 유머가 유행했다. 홍수 피해가 나도 노무현 탓, 대형 교통사고가 나도 노무현 탓이었다. 심지어 버스를 놓쳐도 노무현 탓이었고 자기가 응원하는 야구팀이 져도 노무현 탓이었다. 각종 온·오프라인의 보수 매체, 특히 오프라인 매체에는 그 '노무현 탓'을 논리적으로 포장해 질타하는 글과 말들이 넘쳐났다. 그중에서도 노무현 정권이 추진한 '4대 개혁법'인 국보법 폐지, 사학법, 과거사법, 언론법에 대한 공격이 주를 이루었다. 쉴 새 없는 공방과 갈등이 한국호의 발목을 잡았다.

바닥으로 굴러떨어진 전임 대통령의 인기 덕에 500만 표의 차이로 압승한 이명박 정권도 출범하자마자 거의 그로기 상태까지 몰렸다.

'강부자', '고소영' 조각에 이어 광우병 사태가 터지고 광화문 한복판에 '명박산성'이 쌓였을 때는 회복 불가능한 것처럼 보이기도 했다. "이명박을 뽑은 우매한 어른들 때문에 투표권이 없는 우리까지 죽게 생겼다"는 한 중학생의 울분 어린 절규가 인터넷에 오르기까지 했다. 지금은 회복되었다고 하지만 여전히 온라인을 중심으로 온·오프라인의 진보 매체에서는 정부가 하는 일을 사사건건 거스르는 뉴스 아닌 오피니언이 끊이질 않는다.

한국 사회의 불편한 진실

우리 사회의 이런 단면은 보수 대 진보의 갈등이라는 표피적 증후 말고도 내면 깊숙이 존재하는 아주 불편한 진실을 드러내 보이고 있다. 다름 아닌 '증오'다. 유권자들은 깨끗하지도 못하면서 부끄러운 줄 몰랐던 보수를 지방선거에서 혼내고, 목소리만 클 뿐 자신의 무능을 반성하지 못하는 진보에게 보궐선거에 맞춰 매를 드는 현명함을 보였다. 그럼에도 마음 한구석이 무엇에 얹힌 속처럼 묵직한 건, 이 사회에 핏발 가득한 증오가 원인 치료되지 못하고 그저 피부 밑에 잠복하고 있을 뿐이라는 느낌을 선뜻 지울 수가 없는 까닭이다.

지금 이 순간에도 인터넷에서는 좌우를 떠나 증오를 사주하는 격문 아닌 격문이 꿀럭꿀럭 솟아나고 있다. 그것들은 퍼지고 퍼져 여기저기 날라지면서 더욱 각지고 날이 선다. 그 앞자락에는 편 가르기가 있다. 뭐 하나만 있어도 내 편 네 편으로 가르고 나누어 다투는 싸움에서는 귀가 막히고 입만 열린다. 소통이 없는 자리에 편견과 오만이 독버섯처럼 피어오르고, 그것을 따 먹으며 증오는 더욱 단단해져 간다. 그런 증오는 갈등, 어렵잖게 풀릴 수도 있는 갈등의 상처를 더욱 깊게 만들고, 이 사회는 그 상흔을 치유하느라, 아니 그저 덮느라 해마다 어마어마한 비용을 치러야 한다.

불편하지만 부인할 수 없는 우리 사회의 현주소다. 왜 그럴까? 우리 사회 깊숙이 똬리를 틀고 있는 증오의 뿌리는 과연 무엇일까? 무엇이 우리로 하여금 일방통행 증오에 굴복하게 만드는 것일까? 이해가 엇갈리는 어른들은 그렇다 쳐도 어찌하여 이념적 판단이 불필요한 청소년들까지 편가름의 최일선으로 몰아 증오의 총알받이로 만들고 있는 것일까?

성급한 사람들은 우리 민족의 당파성에서 그 이유를 찾기도 한다. 조선 선조 때 도성 서쪽 정릉방지금의 정동에 살았던 심의겸과 동쪽 건천동지금의 동대문시장 터에 살았던 김효원의 다툼을 시발로 한 것이 사색당파의 역사다. 인사추천권을 가진 요직이었다고는 하나 정5품에 불과한 낮은 벼슬인 이조정랑吏曹正郎 자리를 놓고 위정자들과 지식인들이 서인과 동인으로 나뉘어 악다구니를 썼다. 거기서 그치지 않고 이해관계에 따라 남인과 북인으로 갈리고, 노론과 소론으로 나뉘었으며, 시파와 벽파로 편가름을 해온 게 우리네 붕당정치의 변천사다.

1970년대에도 우리 정치의 주요 세력이 동교동계DJ계와 상도동계

YS계로 갈라졌던 걸 생각하면 당파성에서 이유를 찾는 것이 그럴싸해 보이는 측면도 없잖다. 이후 계파의 이해에 따라 이합집산을 거듭해 온 공당公黨들의 행태를 보면 더욱 그렇다. 한줌 증오라도 보듬고 녹여서 사회 통합을 이루어내야 할 의무를 팽개치고, 오히려 그 증오를 이용하고 확산시켜 당리黨利와 사익私益을 채워온 게 우리네 정당사 아니었던가. 그런 사회구조 속에서는 증오가 싹트는 순간 왕대처럼 자라지 않을 수 없고, 이성이 덜 여문 청소년들은 사실보다 증오를 먼저 배우지 않을 방법이 달리 없게 된다.

품격 있는 사회의 조건

하지만 우리 민족의 당파성이 증오를 만들었다는 주장에는 동의할 수 없다. 그렇게 믿기엔 너무 슬프지 않은가. 식민사관 여부를 떠나 500년도 안 되는 역사를 가진 붕당정치가 어찌 우리의 반만년 역사를 제치고 토끼걸음 기생첩마냥 우리 민족의 DNA로 들어앉을 수 있겠냐 말이다. 게다가 미국처럼 민족성을 운운할 수 없을 만큼 다양한 사회 구성원으로 짜인 나라 역시 경기부양 법안에서부터 재정적자, 건강보험, 이라크·아프가니스탄 전략에 이르기까지 정책 전반에 걸쳐 민주당과 공화당이 당파싸움이라고 볼 수밖에 없는 –우리보다 조금 범절이 있긴 하지만– 짓거리들을 하고 있는 걸 보면 당파성이란 말은 무시해버려도 좋은 미미한 변수일 수밖에 없다.

역사 속에서 증오의 뿌리를 발견할 수 없다면, 오늘날 우리 사회에 터를 잡고 있는 증오의 역사는 그리 오래지 않은 현대로부터 비롯되었다고 보는 것이 옳다. 바로 개발독재의 후유증이라는 얘기다. 무조건 개발독재를 부정하려는 게 아니다. 2차 세계대전 이후의 신생국들 가운데 경제개발보다 민주주의를 선택한 나라치고 오늘날 부자나라가 된 예가 없는 걸 보면 박정희 정권의 성장우선주의는 나름대로 현명한 판단이었던 셈이다. 하지만 세상에 공짜는 없는 법이다. 언젠가는 대가를 치러야 하는 것이며, 지금 우리는 외상으로 달아놓았던 비용을 지불하는 중이다. 서구 사회가 200여 년에 걸쳐 이루어온 것을 우리는 30년으로 줄여 압축성장을 한 것처럼, 그 대가도 압축해 치르느라 '따따블' 이자가 붙은 증오와 극한 대립의 악순환을 거듭하고 있는 것이다.

2대에 걸친 좌파정권 기간을 '잃어버린 10년'으로 치부하는 사람도 있다. 하지만 그것은 성장의 과실을 나누는 데 소외되어 온 계층의 필연적이고 이유 있는 항거였다. 그런 몸부림 속에서 탄생한 좌파정권이 낭만적 분배의 어설픈 왈츠 스텝을 밟을 때마다 줄어드는 파이를 보고 놀란 국민들이 다시 오른쪽으로 눈을 돌린 결과로 오늘에 이르렀다. 그랬다면 이 땅의 보수층이라는 사람들은 뭔가 느낀 게 있고 배우는 게 있어야 했다. 그런데 그렇지 못했다. 정반합正反合으로 이어지는 역사의 고리를 무시하고 오만하게도 '스타보드Starboard · 우현으로!' 만 외치다 된서리를 맞았다.

귀족과 지주 계급의 결사에서 출발한 영국 보수당은 '옛것을 지킨다'는 고루하고 매력 없는 기치를 내걸고 200년을 이어 왔다. 그 비결은 사회적 변화를 맹목적으로 거부하지 않고 유연하게 받아들인 데 있다. 또 배타적 집단으로 남지 않고 상공업자와 노동계급으로까지 외연을 넓혀온 데 있다. 여기에는 온건한 개혁으로 중산층까지 지지기반을 넓힌 '근대 보수주의의 아버지' 로버트 필, 특권계급을 넘어 하류층까지 통합하는 '일국 보수주의'의 유산을 남긴 벤저민 디즈레일리, 사회적 조화와 산업적 동반자관계를 강조하고 대결보다 합의를 중시한 '신보수주의'의 주창자 스탠리 볼드윈 총리 등이 있었다. 그들은 공통적으로 시대 변화를 과감히 수용하고 이슈를 선점했기에 보수당을 살리고 키워낼 수 있었다. 영국에 극우 파시즘과 극좌 공산주의가 뿌리내리지 못한 이유도 여기 있다.

영국처럼 유연하게 대처하지 못하다가 대혁명이라는 정치적 격변을 겪은 프랑스. 하지만 그들의 보수층은 자유와 평등, 박애로 대변되는 공화국 가치를 소중히 여기는 데서 좌파 이상이다. 알제리 독립을 주장하며 간첩 행위까지 저질렀던 철학자 사르트르를 처벌해야 한다고 주장하는 측근들에게 "내버려 둬. 그도 프랑스야"라는 멋진 말로 만류한 사람이 샤를 드골 대통령이었다. 뼛속까지 우파인 니콜라 사르코지 대통령조차 사회당 소속의 베르나르 쿠슈네르를 외무장관으로 임명하는 '통 큰 정치'를 보였다. '국경 없는 의사회'를 창설한 사람을 외교 수장에 앉힘으로써 대외적으로 인도주의적 이미지를 부각하려는 의도도 있었겠지만, 무엇보다 자신의 우파적 이미지를 보완함으로써 대내적인 좌우 갈등을 해소하려는 노력의 일환이었다.

우리 사회의 증오를 해소하는 일차적 책임도 기득권 세력인 보수층에 있을 수밖에 없다. 성장의 과실은 따먹었으되 그걸 나누는 데 인색하지 않았는지 돌아볼 일이다. 그런 의미에서 이명박 정부가 '서민을 위한 정치' '공정한 사회'를 기치로 내건 것은 불가항력적이었지만 올바른 판단이다. 하지만 그것이 성공하려면 영국과 프랑스의 경우처럼 기득권을 과감히 포기해야 한다. 보수층의 '구호가 아닌 실천'이 뒤따라야 한다. 나와 다른 생각을 존중하고 차이 속에서 접점을 찾으려는 존이구동尊異求同의 지혜를 먼저 발휘해야 한다. 그런 사회에서 증오가 사라지고 품격이 자랄 수 있다.

이훈범 성균관대 불문학과를 졸업하고 파리 10대학에서 불문학 박사과정을 공부했다. 중앙일보에서 사회부 · 문화부 · 국제부 · 정치부를 거쳤고 파리특파원, 논설위원을 지냈다. 지금은 사람섹션 J 부장을 맡고 있다.
저서로 『역사, 경영에 답하다』가 있다.

미국에서 코리아를 생각한다

조광동 전 시카고라디오코리아 사장

미국은 인종시장이라고 할 만큼 세계 도처에서 모인 민족과 종족으로 구성된 다양한 얼굴의 모자이크 사회다. 인종과 민족은 필연적으로 자신들의 문화와 독특한 인종적 성격을 이민 보따리에 가져온다. 살면서 느끼게 되는 저마다의 성격과 품격이 색다른 감흥을 자아낸다.

미국 속에서 코리안은 똑똑하고 근면하고 열심히 일하는 민족이라는 긍정적인 이미지가 크다. 하지만 약삭빠르고 싸우기 잘하고 준법정신이 약하다는 부정적인 인식도 만만치 않다. 거기에다 공중도덕이 부족하다는 인상을 많이 주고 있다. 길거리에서 침을 뱉거나, 식당이나 쇼핑센터처럼 여러 사람이 공유하는 장소에서 큰 소리로 떠들어

눈살을 찌푸리게 하기도 하고, 한국인들이 많이 다니는 헬스클럽 욕조 벽에 '탕에서 때를 밀지 마십시오!'라는 한글 호소문까지 나붙게 한다. 이것을 보는 순간 얼굴이 뜨거워지는 수치심과 분노를 느끼지만, 그러면서도 슬픈 것은 이것이 현실이라는 사실이다.

어느 인종이나 국가를 불문하고 꼬리표처럼 달고 다니는 격이 있다. 그 속성은 쉽게 바뀌지 않는다. 이민 가방에 묻어 온 한국인의 품격도 마찬가지다. 미국 땅에서 살아 아메리칸이 되어도 코리안의 품격은 쉬 달라지지 않는다. 더 세월이 흘러 이민 연령이 많아지면 미국 냄새를 풍기게 되기도 하지만, 한국과 미국의 문화가 결합되는 과정에서 '악화가 양화를 구축한다'는 그레샴의 법칙을 자주 목도하게 된다. 한국과 미국의 좋은 것을 지키고 배우기보다는 좋은 것을 더 쉽게 잃어버리고 나쁜 것을 더 빨리 배우는, 문화적 그레샴의 법칙이 성행하는 것이다.

이런 현상은 한국에서도 마찬가지인 것 같다. 뛰어난 기술력으로 핸드폰도 잘 만들고 자동차도 잘 만들어 세계에서 코리안의 저력을 보여주고 있지만, 한국 고유의 좋은 것과 아름다운 것은 잃어버리고 서구 문물의 나쁜 것은 걸신들린 사람처럼 삼키고 있다. 자본주의의 진수를 배우는 데는 등한히 하고 자본주의 껍데기만을 닮아간다.

자본주의 실험장인 미국이 건재한 것은 자본주의 바탕에 깔린 청교도 문화와 정신이 있어서다. 근검절약하면서 성실하고 열심히 일하는 정신, 부를 나누고 돕는 박애정신, 자유와 인간의 존엄성을 존중하는 민주주의 의식이 자본주의를 꽃피웠다. 미국인들 스스로도 이를 자랑스레 여긴다.

하지만 그런 미국인들도 자본주의가 안고 있는 타락과 탐욕과 탐닉의 속성을 완전히 떨쳐내지는 못했다. 서브프라임 모기지 사태를 시작으로 미국이 앓게 된 경제 홍역은 바로 거기서 비롯되었다. 이는 근본적으로 미국의 뿌리인 청교도적 정신과 품격이 조금씩 쇠퇴해온 사실과 무관치 않다. 현실적으로 위기의 시작은 주택시장과 금융시장이었지만 그 근저에는 도덕의 타락, 정신의 쇠락이 깔려 있었다. 월가의 끝없는 탐욕이 집중 포화를 맞았지만, 그에 못지않게 보통 사람들의 도덕 불감증이나 분수 모르는 욕심이 경제위기에 불을 질렀던 것이다. 돈 많은 월가 사람들은 더 많은 돈을 위해 거짓 술수를 썼고, 돈 없는 서민들은 집 한 칸을 마련하기 위해 가짜 서류를 만들고 허위 숫자를 나열했다. 규모가 다르고 죄질도 다르지만 그 근원은 같은 것으로, 미국의 도덕과 양식이 병들어가고 있음을 말해주는 것이다.

국격이 밥 먹여주냐고?

한국은 어떤가? 이명박 대통령이 "국격을 높이자"고 했을 때 한국 사회의 반응은 가지각색이었다. "국격이 밥 먹여주냐?" 하는 냉소적 반응에서부터 "국격 선언이 새로운 한국의 원년을 열었다"는 다소 아부적인 반응까지 다양하게 나왔다. 아무 생각 없이 부화

뇌동하는 아부족에게는 아부하고 치부하는 '속물적인 격'이 배어 있고, 사사건건 부정적이고 사시적으로 찬물을 끼얹는 냉소족에게는 김을 빼고 뒷다리를 잡아끄는 '파괴적인 격'이 자리 잡고 있다. 아부족을 경계해야겠지만, 더욱 문제가 되는 집단은 국가 시책에 냉소하는 사람들이다. 냉소주의는 더 밝은 세상과 더 좋은 삶을 만들려는 인간의 노력을 빼앗아가는 암세포 같은 파괴력을 가지고 있다. 이러한 냉소주의 성향이 개인에 그치지 않고 사회 다수에게 옮겨가면 그 사회가 아무리 능력을 가졌어도 빛을 발휘할 수가 없다.

국격에 냉소하면서 국격이 밥 먹여주냐고 하지만, 분명한 것은 '국격이 밥 먹여준다'는 사실이다. 밥만 먹여주는 것이 아니라 식탁을 더욱 풍성하게 하고 삶의 행복까지 가져다준다. 반대로 국격이 떨어지면 나를 먹여주던 밥그릇이 깨어지고, 악을 쓰면서 서로 싸우고, 나라가 혼란스러워지고, 삶이 피곤해진다. 경제도 정치도 결국은 국격이 좌우한다. 열심히 일하는 품성이 없으면 경제가 잘될 수 없고, 멱살 잡고 싸우면서 의사당을 폭력 연기장으로 만드는 정치에서 나라가 바로 설 수 없다. 결국은 국격이다. 미국의 풍요가 몸살을 앓고 있는 것도 국격 때문이고, 승승장구하고 있는 중국이 세계 정상이 될 수 있느냐 하는 것도 국격에 달렸다. 잘나가던 일본이 교만과 과대망상에 빠져 2차 세계대전을 일으킨 것도 군국주의 국격이었고, 잿더미에서 세계의 선진국으로 부상한 것도 성실한 국격 때문이었다.

필자는 20년 전 중국을 방문했을 때 베이징 거리에서 음식을 사 먹다가 그만 질겁을 하고 말았다. 먹음직스러운 음식을 담았던 그릇을 시꺼먼 구정물에 씻는 모습을 보았던 것이다. 당연히 그 후로는 '메이드 인 차이나Made in China' 식품을 꺼리게 되었다. 얼마 전에는 아는 분한테서 중국산 차를 선물로 받았지만 책상 서랍에 넣어두고 마시지 않았다. 음식을 만드는 중국인들의 위생과 청결의 격, 양식과 도덕의 격에 신뢰가 가지 않기 때문이다.

지난 몇 년간 중국산 식품과 물건은 미국 시장에서 상당한 곤욕을 치렀다. 일부 가게에서는 심지어 "우리는 중국산 물건을 취급하지 않습니다"라는 표지판까지 내붙였다. 이것은 추락한 국격으로 중국이 세계 경제에서 수난을 겪는다는 사실을 말해준다. 중국이 서둘러 불을 끄긴 했지만, 이 불은 언제 재발할지 모른다. 그런 면에서 보면 미국의 쇠락과 함께 중국이 미국을 대신할 것이라는 일부 학자들의 예견은 비현실적인 감이 있다. 얼마의 시간이 걸릴지 모르지만 수천 년 동안 축적된 부정적인 품성을 선진화하지 않으면, 그런 국격으로 세계를 이끌어갈 수는 없는 노릇이다. 중심국이 되려면 제일 먼저 나라의 격을 높여야 한다.

국격 높이기는 선진화 운동이다. 이 운동에 성공하려면 나라의 명운을 걸 정도의 치열한 열정과 실질적인 노력이 뒤따라야 한다. 먼저 지도자가 적극 나서서 장기적인 계획과 구체적인 실천방안을 세워놓고 실제 추진과정을 세세히 점검해야 한다. 국제 행사를 유치하고 만세를 부르는 정도의 자기도취나 감상으로는 실현 불가하다. 또한 용두사미가 되지 않도록 후속대책을 예비하는 것도 매우 중요하다. 김대중 전 대통령의 '제2 건국'과 노무현 전 대통령의 '선진 한국' 선언이 왜 결실을 맺지 못했는지를 생각하고 반면교사로 삼을 필요가 있다.

국민의 지지와 협조도 절대적으로 요구된다. "국격을 높이자"는 대통령의 말에 "국격 쇼를 하느냐?"며 비아냥거리는 태도로는 아무것도 이룰 수 없다. 이런 식의 반응은 선진화의 걸림돌이 될 뿐이다. 지도자가 진보냐 보수냐를 떠나 나라를 잘 만들겠다고 할 때 도와주고 격려해주는 것이 국민의 도리이고 애국의 품격이다.

국격이란 말은 사전에도 없다며 문제를 삼는 이들이 있는데, 이들의 문제의식은 지엽적이기도 하거니와 소모적 언쟁을 야기한다는 측면에서 바람직하지 못하다. 사전에 없다고 쓰면 곤란하다는 투의 말이 어불성설인 데다 모름지기 논쟁의 건강성을 염두에 두지 않은 접근 방식이 그렇다. 실제로 국격이라는 말은 이미 한국에서도 오래전부터 사용되어 왔고, 유럽이나 미국에서는 18세기에 '국가 성격national character'을 이슈로 놓고 치열한 논쟁을 거친 화두였다. 역사가 말해주듯 국격은 말 그대로 나라의 성격character과 품질quality이다. 개인의 외모와 태도, 성질과 의식이 그의 격을 나타내듯 한 나라의 문화와 예절, 도덕과 정신이 국가의 격을 보여준다.

중심국이 될 것인가, 주변국이 될 것인가

18세기 국격 논쟁의 선봉에 섰던 프랑스의 몽테스키외는 국격의 본질을 도덕성과 사고의 습관, 태도에서 찾았고, 이 중에서도 특별히 도덕성이 핵심이라고 말했다. 그리고 도덕성은 사회성과 성실성, 허영심, 관용, 긍지, 나태, 정직성 같은 선한 요소와 악한 요소의 결합이라고 지적했다. 그에 비해 루소는 국격을 국가 양심과 애국심에서 찾았고, 이것이 주권과 자유 정부의 초석이라고 말했다.

프랑스가 국격 논쟁을 벌일 즈음 처음 나라를 세운 미국은 새로운 나라를 어떤 성격과 품격과 철학으로 정립해야 할지 고민했다. 미국의 현자로 불리는 벤저민 프랭클린은 절제, 침묵, 규율, 결단, 검약, 근면, 성실, 정의, 중용, 청결, 평온, 순결, 겸손의 13가지 덕성에서 인격과 국격의 근간을 찾았고, 헌법을 기초했던 토머스 제퍼슨은 정의와 관용, 근면, 중용, 인내, 독립심, 자립정신, 애국심, 각성, 참여의식, 관용, 희망을 국격의 바탕으로 생각했다. 이와 같은 논쟁과 고민은 프랑스와 미국의 국격을 규정하는 근간이 되었다.

한국도 이제는 지금까지 이룩한 놀라운 경제 성장을 바탕으로 선진국의 초석을 다지는 국격 논의에 본격 나서야 할 때다. 상품 수출로 경제를 더욱 부강하게 하고 문화 수출로 코리아의 위상을 한껏 드높이게 하는 한국적 바탕을 새롭게 마련해야 한다. 그것이 세계인의 가슴에 코리아를 심어 시대를 선도하고 역사의 주역으로 서는 국격의 출발점이다.

앞으로 국격은 한 나라가 세계의 중심국이 되느냐, 주변국이 되느냐를 결정하는 절대 기준이 될 것이다. 이에 따라 국격의 중요성도 국가적인 것에서 세계인 것으로 날로 부각될 전망이다. 국격이 진정한 국력이다.

조광동 경희대를 졸업하고 한국일보 기자로 활동하다가 미국으로 가서 한국일보 시카고 편집국장, 한겨레신문 시카고 편집인, 우리민족서로돕기운동 미주 집행위원장, 한미 TV 부사장, 시카고라디오코리아 사장을 역임했다. 현재 저술 및 이민역사 정리에 힘을 쏟고 있다.
저서로 『궁궁을을』 『더디가도 사람생각 하지요』 등이 있다.

자학에서 자존으로

강지원 변호사

'우리는 왜 이 모양인가?' 우리가 자주 떠올리는 말이다. 이에 대해 한마디로 답한다면 '정신적 상처' 때문이라고 말하고 싶다. 오욕의 역사가 낳은 상처. 우리의 근대사 100년은 실로 기막힌 상처의 역사였다. 이 기간에 우리처럼 별의별 고통을 다 체험한 민족도 찾아보기 어렵다. 한 인간이, 아니 한 민족이 겪을 수 있는 고초란 고초는 다 겪었다고 할 수 있다.

조선왕조가 국권을 침탈당했을 때 그 치욕은 말할 것도 없거니와 일제 강점기 36년 동안 이 땅의 사람들이 당해야 했던 고통은 필설로 다 형용할 수 없는 것이었다. 그들은 제멋대로 토지를 수탈해 갔을 뿐만 아니라 강제로 젊은이들을 징용하여 전쟁터로 내몰았는가 하면 순진한 여자아이들까지 성의 노예로 끌고 가 밤마다 몹쓸 짓을 해댔다. 우리말도 못 쓰게 했고 성씨姓氏까지도 바꿔치기 했다. 독립투사들에 대한 탄압은 혹독하기 이를 데 없었다. 일제의 악랄한 만행은 그 시대를 살아야 했던 민초들에게 엄청난 분노와 상처를 남겼다. 그것은 결국 민족 전체의 '집단적 트라우마trauma'가 되었고, 결코 하루 이틀에 치유될 수 없을 만큼 가슴속 깊이 사무쳤다.

광복을 되찾은 이 땅에는 다시 동족상잔의 피비린내 나는 전쟁이 기다리고 있었다. 6·25전쟁은 수많은 인명을 앗아갔고 온 나라를 구석구석까지 쑥대밭으로 만들어버렸다. 두 눈으로 차마 보지 못할 광경에 사람들은 치를 떨어야 했다. 구덩이를 파고 생사람을 파묻는가 하면 죽창으로 마구 찔러 사람을 죽이는 현장을 목격해야 했다. 언제 어디서 살인마가 나타날지 몰라 불안해했고, 친척이나 가까운 이웃 사람이 어떤 완장을 차고 들이닥칠지 몰라 의심에 의심을 더해야 했다. 상처의 뿌리는 깊었다. 심각한 만큼 제대로 된 치료를 받지 않으면 안 되었다. 그렇지만 우리 민초들은 그런 줄도 몰랐다.

휴전 후 사람들은 아무것도 남지 않은 폐허 위에서 살길을 찾아나섰다. 하지만 배고프고 허기진 가난의 고통은 쉽게 가시지 않았다. 게다가 독재와 부패가 민초들을 더욱 고통스럽게 했다. 나라를 위기에서 구한 건국의 아버지로 추앙받은 초대 대통령은 권력욕을 버리지 못해 독재로 치달았다. 민주화의 욕구가 불같이 일어났고 그는 권좌에서 내려올 수밖에 없었다. 이어서 가난에 찌든 상처는 거국적으로

'잘살아 보자'는 열풍을 일으켰다. 그것은 민주화의 불길보다 훨씬 뜨거웠다. 밤잠까지 설쳐가며 돈 되는 일이라면 무슨 일이든 마다하지 않았다. 새벽종을 울렸고, 이역만리 머나먼 이국땅에까지 진출했다. 민초들의 피와 땀은 헛되지 않았다. 기록적인 경제 성장을 이룩했다. 그런데 그게 다는 아니었다. 빛나는 성과를 등에 업고 또다시 장기집권과 독재가 이어졌다. 민주화의 욕구가 되살아났다. 기어코 군사독재 시절을 마감하고 민주정부를 세웠다. 이때부터 또 다른 폭발이 일어났다. 독재의 억압 아래 숨죽였던 온갖 불만과 갈등이 터져나왔다. 이른바 '압축갈등 시대' '갈등의 춘추전국 시대'의 서막이었다.

누구에게나 상처는 있다

본디 갈등 없는 세상 없고 상처 없는 인간 없는 법이다. 정도의 차이만 있을 뿐 크고 작은 상처는 누구에게나 언제나 있다. 숙명과도 같은 이런 상처를 상처로 받아들이지 않을 수 있다면 얼마나 좋을까. 하지만 그건 쉽지 않은 일이다.

상처가 인간에게 꼭 나쁜 것만은 아니다. 역기능으로 작용하지만 순기능으로 작용하는 경우도 있다. 대체로 상처는 피해의식을 낳는다. 분노에 불을 지핀다. 분노는 공격성으로 나타나는데, 그 공격성이 타인을 향할 때 나타나는 것이 폭언, 폭력, 학대, 타살이다. 자기 자신을 향할 때는 좌절감, 열등감, 우울감, 절망감, 자학, 자해, 자살충동을 불러일으킨다. 상처의 역기능이다. 사회문제가 여기서 비롯된다.

반면에 상처는 순기능으로 작용할 때도 있다. 어려움을 겪으면서 생긴 상처가 다른 어려움을 이겨내는 성취욕구로 승화된다. 상처를 딛고 이겨내며 자신감을 갖게 되는 것이다. 이 경우에도 성취욕구가 지나칠 경우 뜻하지 않은 결과를 초래한다. 과욕이 화를 부르는 것이다. 온갖 거짓과 부패, 사기와 잔재주들이 사고를 친다.

지난 100년의 상처는 우리 안에 피해의식과 분노, 좌절과 낙망, 열등감과 우울감을 심었다. 그래서 '우리는 왜 이 모양 이 꼴인가' 하고 쉽게 한탄하고 자학하는 버릇이 생겼다. 땅덩어리도 작고 자원도 없고 국민성까지도 못됐다고 생각하기 일쑤였다. 과욕으로 인한 부작용도 수없이 나타났다. 거짓말을 밥 먹듯 하고 잔재주를 피우거나 앞 다르고 뒤 다르게 행동했다. 수출한다며 벽돌쪼가리를 선적해 보냈고 허위문서, 사기문서가 여기저기 난무했다. 뒷구멍으로 로비를 하고 돈봉투가 나돌아다녔다. 규칙을 지키는 사람이 세상물정 모르는 바보가 되었다. 편법과 반칙이 활개를 쳤다. 사돈이 땅 사는 것을 배 아파했고, 배고픈 건 참아도 배 아픈 건 못 참는다고도 했다. 이 모두가 집단적 트라우마의 소산이었다.

자존감의 진정한 의미

하루 속히 우리는 우리 DNA 속에 잠재한 집단적 트라

우마를 극복해야 한다. 우리 시대가 해결할 절실한 과제가 다름 아닌 이것이다.

먼저, 우리는 역사가 남긴 상처를 직시해야 한다. 일제 강점기의 강탈과 학대에 의한 상처, 골육상잔의 전쟁과 좌우대립의 파괴와 분열에 의한 상처, 그리고 군사독재의 억압에 의한 상처, 압축갈등의 혼란에 의한 상처와 같은 수많은 상처들과 정면으로 마주할 수 있어야 한다. 알아야 치료하고 극복할 수 있기 때문이다.

그다음은 상처를 껴안는 일이다. 상처를 좌절과 자학, 열등감으로 연결 짓는 것이 아니라 기꺼이 이겨낼 과제로 받아들이는 것이다. 발전과 성취를 위한 자극제로 삼는 것이다. 우리는 이미 그런 '상처의 힘'을 우리 스스로 입증한 바 있다. 과거의 상처들을 딛고 일어나 자주독립국가, 경제산업국가, 자유민주국가를 건설했다. 억눌려왔던 상황을 반전의 기회로 삼고, 힘이 없어 받아야 했던 상처를 성취의 에너지로 돌린 까닭이다. 이를 통해 부분적으로나마 우리 안의 트라우마를 극복하기도 했다.

가지지 못한 데서 오는 상처를 껴안는 일 못지않게 중요한 것이 있다. 바로 우리가 '가지고 있는 것들'에 감사하는 마음을 가지는 것이다. 사실 우리는 남들에 비해, 못 가진 것에 비해, 가진 것 또한 적지 않다. 아름다운 산천, 생명력 있는 토양, 순수함과 열정, 우수한 두뇌, 다양한 재능…. 따지고 보면 참 많은 것을 가진 민족이다.

'가진 것'에 감사하며 '가지지 못한 것'을 성취하려고 노력하는 마음, 이것이 '자존감'이다. 이처럼 좋은 말이 없다. 이 시대, 이 나라에 가장 절실한 마음이다.

자존감은 가지지 못한 것과 가진 것을 A와 B라고 할 때 'A, but B'라고 생각하는 마음이다. '가지지 못했지만 할 수 있다'고, '나도 부족한 점이 많지만, 그래도 나는 괜찮은 사람'이라고, '이런저런 장애가 있지만, 나만의 재능도 있다'고 생각하는 것이다. 이런 자존감이 있는 사람은 자학, 자기비하, 자해, 자살을 하지 않는다. 자신감, 자긍심이 있기 때문이다. 자기 자신을 있는 그대로 사랑하는 것이다. 자신에 대한 사랑은 또 타인에 대한 사랑으로 연결된다. 세상에 자신을 사랑하지 못하면서 다른 사람을 사랑할 수 있는 사람은 없다. 자신을 사랑함으로써 타인까지 사랑할 수 있는 것이다. 바로 '애기애타愛己愛他'다. 자존감의 진정한 의미가 여기에 있다.

같은 이치로 자존감 있는 국민이 다른 국민을 포용하고 사랑한다. 그런 나라라야 다른 나라를 존중할 수 있다. 자존감을 되찾아 우리도 잘되고 다른 나라도 잘되게 하는 나라, 그런 대한민국이 되었으면 좋겠다. 그런 나라가 바로 좋은 나라, 존경받는 나라, 국격 높은 나라 아닐까?

강지원 1972년 서울대 문리대를 졸업했다. 행정고시(12회)에 이어 사법고시(18회)에도 합격했다. 검사생활을 시작한 뒤 여러 부서를 거쳐 사법연수원 교수까지 지냈다. 청소년 교화기관인 서울보호관찰소장을 맡으면서 청소년전문가의 길로 들어섰다. 국무총리 청소년보호위원회 초대 위원장, 정보통신윤리위원회 위원장 등을 역임했으며, 「안녕하십니까, 강지원입니다」「강지원의 정책데이트」 등의 방송 진행을 맡기도 했다. 국민훈장 모란장, 홍조근정훈장, 대통령표창, 인제인성대상을 수상한 바 있다. 현재 한국매니페스토실천본부 대표로 활동하고 있다.
저서로 『강지원 생각, 큰바위얼굴 어디 없나』『나쁜 아이는 없다』『건전가정 30훈』 등이 있다.

우리에게 선진국의 자격이 있는가

최유식 조선일보 베이징특파원

지난 2006년의 일이다. 세계의 공장으로 불리는 중국 남부 광둥성 둥관이라는 도시에서 한국 기업의 관리자가 중국인 경비 인력을 개에 비유한 것이 중국 매스컴에 대대적으로 보도된 적이 있었다. 경비 인력들이 제대로 일을 못한다는 이유로 "개가 지켜도 그보다는 나을 것"이라고 말한 것이 문제가 되었다. 관리자는 "한국에서는 흔한 농담이다. 비하의 의도가 없었다"고 해명했지만, 그 말을 듣고 큰 모욕감을 느낀 경비 책임자는 당장 사표를 내고 회사를 떠났다. 남은 경비 인력들도 사과를 요구하며 거세게 반발했다.

19세기 후반 외세가 점령한 상하이 조계지 공원에는 '중국인과 개는 출입할 수 없다'는 푯말이 붙어 있었다고 한다. 개를 들어 비유하는 것은 그들의 상처 난 민족적 자존심에 소금을 뿌리는 것과 같은 행위다. 이런 일이 한국에서 벌어졌다고 해도 마찬가지다. 개보다 못하다는 관리자의 말을 아무렇지도 않은 농담으로 받아들일 한국인 경비직원은 많지 않을 것이다.

최근 둥관에서 2006년의 일을 다시 되돌려놓은 듯한 사건이 또 한 번 벌어졌다. 2010년 7월 27일 이 도시의 한 한국계 플라스틱 금형업체에서 한국인 부장급 관리자가 유독 불량이 많은 한 도장공을 질책하는 과정에서 화를 참지 못하고 폭행하는 사건이 발생했다.

중국 언론 보도에 따르면, 이 종업원은 사무실로 불려가 질책을 들은 뒤 꺼지라는 말에 뒤돌아 나오려고 하는데, 그 순간 화를 참지 못한 관리자가 달려와 종업원을 넘어뜨리고 폭행했다고 한다. 아마도 한국 직장에서처럼 "정말 죄송하다. 앞으로 그런 일이 없도록 하겠다"는 식으로 빌었다면 폭행 사건은 일어나지 않았을지도 모른다.

글로벌 플레이어의 조건

하지만 이런 생각은 우리 식 사고일 뿐이다. 오랜 사회주의를 통해 수평적 사고에 익숙한 중국 근로자들은 한국의 수직적 상하관계 문화에 익숙하지 않다. 잘못을 인정하는 것이 배상 책임으로 돌아올 수 있기 때문에 자신의 잘못이 명백해도 시인하지 않는 것 또한 그들의 습성이다. 중국에 진출한 지 하루 이틀 된 기업이 아니라면 그런 중국 문화를 이해하고 그에 맞는 해결책을 찾았어야 했다.

이번에는 중국 근로자들도 참지 않았다. 1000명이나 되는 종업원들이 작업을 거부하고 공장 마당에 모여 집회를 열었고, 공단 내 가두로 진출해 시위를 벌이기도 했다.

두 사건은 중국 현지 문화에 대한 몰이해가 발단이 되었지만, 우리에게 좀 더 근본적인 질문을 던지고 있다. 전 세계 시장을 상대하는 글로벌 플레이어로서 우리가 그에 걸맞은 격을 갖추고 있느냐는 것이다.

1992년 한·중 수교 이후 우리 기업들은 싼 임금을 찾아 중국 시장으로 잇달아 진출했다. 2009년 말 현재 중국 내 한국계 기업이 3만 곳이 넘는 것으로 집계되었다. 전체적으로 보면 우리 기업들은 중국에서 서로 윈윈win-win하는 긍정적 관계를 만들어왔다. 한국 기업의 투자는 중국 각 지역의 경제 발전과 일자리 창출에 크게 기여했다. 한국 기업의 앞선 기술과 높은 생산성은 현지 중국 기업에 적잖은 영향을 미쳤다. 우리 기업들 역시 싼 임금의 근로자를 확보해 경쟁력을 배가할 수 있었다. 지금은 급속도로 커지는 중국 내수시장이 새로운 기회가 되고 있기도 하다. 하지만 잊을 만하면 터지는 불미스러운 사건이 여전히 우리 기업의 발목을 잡고 있다.

2003년 상하이 자오퉁대학에서 연수를 하고 있던 시절, 현지에 주재하고 있는 우리 국책기관 인사를 만난 일이 있다. 그는 중국에 진출해 있는 우리 기업들을 지원하는 업무를 맡고 있었다. 그에게서 현지에 진출한 우리 기업들의 노사관계에 대한 이야기를 들을 기회가 있었는데,

그는 "창피해서 어디 가서 말도 못할 정도"라고 말했다. "한국 기업 관리자들이 현지 중국인 직원을 폭행하거나 폭언을 던지는 일이 비일비재하다"는 것이었다. 월급을 몇 개월씩 체불하는 경우도 흔하다고 했다. 그의 사무실에서 일하는 한 중국인 직원도 대학에서 한국어를 전공하고 한국 기업에 취직했다가 한국인 관리자로부터 다시 이야기하고 싶지 않을 정도의 모욕을 당하고 난 뒤 퇴직한 경험을 갖고 있었다.

한국 기업인들은 그들대로 불만이 많다. 중국인 근로자의 인건비가 한국에 비해 10분의 1밖에 안 될 정도로 저렴하지만, 오랜 사회주의 관습에 젖어 일에 대한 책임의식이나 효율이 너무 떨어진다는 것이다. 일에 익숙해질 만하면 월급 더 주는 경쟁업체로 빠져나가는 것에 분노와 배신감을 느낀다는 이들도 적잖다. 하지만 중국인 근로자에 대한 불만이 그에 대한 구타나 욕설, 모욕의 핑계거리가 될 수는 없는 일이다. 기업 스스로 그런 '비용'을 각오하고 중국 시장에 진출한 것 아닌가.

지난 몇 년 사이 중국인 근로자에 대한 우리 기업들의 관리와 대우는 눈에 띄게 달라지고 있다. 대기업의 경우 현장 관리자는 대부분 중국인을 배치하고 있다. 언어와 문화를 제대로 이해하지 못하는 한국인 관리자로는 '갈등' 비용이 너무 크다는 것을 절감했기 때문이다. 주요 대기업에서는 중국인 임원도 흔히 볼 수 있다. 신입사원을 뽑으면 한국으로 연수를 보내 한국 문화에 적응하도록 교육을 시키는 기업도 없지 않다. 현지 사회에 안착하기 위한 사회 공헌 활동도 활발해지고 있다. 대형 재해가 발생할 때마다 적잖은 규모의 기부금을 내고 있고,

임직원이 정기적으로 직접 빈곤계층이나 불우이웃을 찾아 자원봉사 활동을 하는 기업도 빠른 속도로 늘고 있다.

중국의 시장 환경 자체도 변하고 있다. 중국 진출 초기와 달리 이제는 중국도 임금이 가파르게 오르고 인력도 부족한 상황이 되었다. 중국 근로자들의 권리의식도 이전과 비교할 수 없을 만큼 높아졌다. 이제는 좋은 직장 환경과 대우로 인력을 끌어와야 할 형편이 된 만큼 과거와 같은 구태의연한 관리 행태는 점점 사라지는 추세다.

다른 문화에 대해 이해와 포용 갖춰야

그럼에도 여전히 아쉬운 대목은 남아 있다. 2008년 글로벌 금융위기 당시 근로자 임금을 체불하고 야반도주를 하는 기업들이 꽤 있었다. 상하이의 한 웨딩사진업체 업주는 100명이 넘는 중국인 고객들로부터 받은 선금을 들고 귀국해버려 큰 문제를 일으키기도 했다. 당시 현지 조사를 나선 민관합동조사단은 돌아와서 "중국의 청산 절차가 복잡해 이런 야반도주가 양산되고 있다"고 발표했다. 야반도주를 한 기업 입장에서는 "오죽 어려웠으면…"이라고 하겠지만, 야반도주는 현지 근로자와 고객에 큰 피해를 주는 부도덕한 일이다. 현지에 남은 한국 기업들을 곤혹스럽게 만드는 일이기도 하다. 조사단이 청산 절차 탓을 하는 것을 보면서 팔이 굽어도 너무 안으로 굽었다는 생각이 들었다. 우리 언론의 보도도 크게 다르지는 않았다. 나중에

전문가들에게 들어보니 청산 절차가 복잡하기는 우리나라도 마찬가지였다.

이런 일의 이면을 들여다보면 우리 가슴속 깊은 곳에 내재해 있는 강렬한 민족주의 정서를 발견하게 된다. 민족주의는 지난 50년간 한국의 경제 발전을 이끈 원동력이었다. 하지만 한국 기업이 세계 곳곳에 진출하고 있는 지금은 '국제주의'와 '보편주의'가 민족주의만큼이나 우리에게 중요한 덕목이다. 우리보다 한발 앞서 세계 각국으로 뻗어나간 선진국 기업들에서 찾아볼 수 있는, 다른 문화에 대한 이해와 포용의 태도를 우리도 갖춰야 한다.

중국은 앞으로도 30년 가까이 고도성장을 지속할 것이라는 게 전문가들의 대체적인 견해다. 중국을 생산기지로 생각해온 우리 기업들도 점점 커지는 중국 내수시장 개척 쪽으로 눈을 돌리고 있다. 시장으로서 중국의 가치는 무궁하다. 그런 만큼 이미지 관리에도 신경을 써야 한다. 얼마 전에 만난 박근태 중국한국상회 회장중국 CJ 법인장은 "중국에 나와 있는 한국 기업들이 코리아 브랜드를 생각해야 한다"고 말했다. 한국 기업들이 '격'을 한 단계 높이는 것이 곧 중국 시장 내 코리아 브랜드 가치의 상승으로 이어질 것이라는 게 박 회장의 주장이다. 우리 기업들이 두고두고 곱씹어볼 만한 말이다.

최유식 1965년 부산 출생. 서울대 외교학과를 졸업하고 경향신문을 거쳐 조선일보에서 사회부 · 경제부 · 산업부 기자로 일했다. 상하이 자오퉁(交通)대 국제교육학원에서 공부했고, 지금은 조선일보 베이징특파원으로 뛰고 있다. 역서로 『스크린 위의 삶』이 있다.

2

국가의 품격은 어떻게 완성 되는가

리더가 변해야 세상이 바뀐다

이채욱 인천국제공항공사 사장

인천공항 귀빈실은 가끔 북적거린다. 고위 인사의 출국이나 입국 때 적게는 10명에서 많게는 100명이 넘는 사람들이 '눈도장'을 찍으러 몰려들기 때문이다. 급한 용무가 있는 것 같지도 않은데, 근무시간에 국민의 세금으로 마련한 관용 버스를 타고 단체로 나오기도 한다.

사람들을 맞는 고위 인사의 반응도 제각각이다. 어떤 고위 인사는 마중 나온 사람들에게 "바쁜데 뭐하러 나왔어?"라며 인사하다가 "어? 000는 안 보이네"라고 말해 무의식 중 불참자에 대한 서운함을 드러낸다. 이 말을 들은 사람들은 어떤 생각이 들까? '000는 이제 찍혔다'는 생각부터 들지 않을까? 그러면서 '나오길 잘했다'며 속으로 안도할지 모른다. 업무가 아닌 친분으로 돌아가는 조직의 단면이다. 이런 조직의 수장이 국가의 재산과 의전을 자신의 위세를 과시하는 용도로 쓰는 데 거리낌이 있을까?

전보다 줄었는지 모르겠으나 여전히 적지 않은 사람들이 서울도 아닌 인천 영종도까지 귀중한 시간과 비용을 할애하여 10~20분의 짧은 '알현'을 위해 공항을 드나든다. 배웅하러 나오고 마중하러 나온다. 새벽에도 나오고 한밤중에도 나온다. 진정으로 마음에서 우러나와 그러는 것 같지도 않은데 말이다. 그런 모습을 볼 때마다 해당 기관은 물론 나라의 미래가 염려스럽다.

기업의 세계도 별반 다르지 않다. 콘퍼런스 행사장에서 최고경영자의 주제 발표가 있는 날이면 다수의 수행원들이 동원되는 경우를 심심찮게 보게 된다. 운전기사와 수행비서는 기본이고 발표자료 담당 등 최소한 4~5명이 따라붙는다. 상황에 따라서는 꼭 필요한 경우도 있겠지만, 단지 최고경영자의 체면 때문에 여러 사람들이 부가가치 없는 일에 매달리는 경우가 더 많다.

2010년 G20 정상회의 서울 개최를 계기로 '국격을 높이자'는 논의가 활발하고 의장국에 걸맞은 대한민국의 격을 높이기 위한 활동이 다양하게 펼쳐지는 가운데서도 한편에서는 모범이 되어야 할 정치인이나 고위 관료, 기업의 최고경영자들이 국격 향상 노력과는 거리가 있는 구태의연한 행태를 보이고 있었다.

일반석을 이용하는 대통령

그런 면에서 2009년 11월 방한한 페루 대통령과 그 일행은 우리에게 신선한 충격을 주었다. 수행원 5명만을 대동하고 일반석을 이용하여 한국을 찾은 페루 대통령. 그는 다음 방문국인 싱가포르로 떠날 때에도 일반석을 이용할 예정이었다. 이 사실을 안 항공사 측에서 부랴부랴 자리를 비즈니스클래스로 업그레이드해주는 예우를 갖추었다고 한다. 우리나라 지도자들의 일반적 행태와 여러 면에서 비교되는 모습이었다.

루이비통의 베르나르 아르노 회장도 인상적이었다. 그가 업무차 인천공항을 방문했을 때 잠시 이야기를 나눈 적이 있다. 잘 알려진 대로 그는 세계 최고의 명품 브랜드를 이끄는 세계 7위 기업의 일인자다. 그런데도 꼭 필요한 업무담당자 외에는 별도의 수행원이 없었다. 대화도 공식 의제에 얽매이지 않고 편안한 화제로 분위기를 이끌었다. 귀국 시에 경영수업을 받고 있는 딸을 데리고 전용기에 오르는 모습도 기억에 남는다. 이보다 오래전 GE의 제프리 이멜트 회장이 방한했을 때에도 경호원 한 명만 대동하고 전용기에서 단신으로 내리는 것을 보고 놀란 적이 있다.

유수한 글로벌 기업의 최고경영자들은 해외출장 시 대부분 혼자 움직인다. 비서들이 없어서가 아니다. 최고경영자의 일정에 동행하여 충분한 가치를 제공할 수 있는 경우가 아니라면 사무실에 남아 가치 있는 일에 매진하는 것이 당연하다고 생각하기 때문이다.

불필요한 프로토콜, 리더가 없애라

상당수 최고경영자들이 명함을 교환할 때 보이는 버릇이 있다. 상대의 직위를 꼭 확인하는 것이다. 직급에 따라 대화의 격을 조절하기 위함이다. 직급이 낮으면 대화는 물론 만나는 것조차 달가워하지 않는다. 자신의 격과 어울리지 않는다는 좁은 생각에 사로잡혀 다양한 의견이나 생각을 접할 기회를 스스로 멀리하고 자유로운 의사소통도 어렵게 만든다. 우리 사회가 불통으로 인한 고통이 상대적으로 큰 까닭을 알 수 있다.

사회 각 분야에서 불필요한 프로토콜을 없애는 데는 누구보다 리더들이 앞장서야 한다. 가치 상승에 기여하지 않는 프로토콜은 불필요한 비용이자 자유로운 소통을 가로막는 장애물에 불과하다는 인식부터 가져야 한다. 그러한 인식 없이는 낭비적이고 과시적인 문화나 관행을 타파할 수 없다.

불필요한 프로토콜을 없애면 비용이 줄어들고 생산성은 올라가며 소통이 활발해져 사회적 신뢰가 저절로 높아진다. 최고경영자가 콘퍼런스에 혼자 나와 발표하면 자사의 임원들도 그렇게 할 가능성이 크다. 그러면 최고경영자의 체면 때문에 부가가치 없는 일에 동원되었던 직원들이 생산성 향상과 가치 제고 활동에 몰두할 수 있을 것이다. 반대로 평소에 직원들에게 공항에 배웅이나 마중을 나오지 말고 업무에 매진하라고 얘기해놓고는 정작 공항에서 "000는 안 보이네"라고 이야기한다면, 그런 최고경영자의 말을 신뢰하고 따를 직원은 한 명도 없을 것이다. 신뢰도 떨어지고 소통도 막힐 것이다.

국격도 이와 다를 바 없다. 사회적 신뢰와 생산성이 총체적으로 높아질 때 올라가고, 그렇지 않으면 떨어지게 된다. 리더의 솔선수범이 관건이다. 국격 향상을 위한 노력이 성과를 내느냐, 못 내느냐가 다 여기에 달려 있다. 리더의 한마디 말과 작은 행동 하나가 구성원 전체의 생각과 행동을 결정하기 때문이다.

이채욱 1946년 경북 상주 출생. 영남대 법학과와 고려대 국제대학원을 졸업했다. 삼성그룹에 입사한 이래 삼성물산 해외사업본부장, 삼성·GE의료기기 대표이사, GE 초음파사업부 아시아 사장, GE코리아 회장을 역임했다. GE헬스케어 아시아성장시장 총괄사장을 거쳐 2008년 인천국제공항공사 사장으로 부임했다.
저서로 『백만불짜리 열정』이 있다.

당신의 말 한마디가 국격을 좌우한다

권재일 국립국어원 원장

최근 우리나라가 경제적으로, 문화적으로 발전하면서 한국어를 배우려는 세계인들이 크게 늘어나고 있다. 한국어능력시험에 응시하는 외국인의 수가 처음 실시한 1997년에 2000여 명이던 것이 2009년에는 20만 명 가까이로 늘어난 것을 보아도 한국어를 배우려는 열기가 실로 엄청나다는 것을 알 수 있다. 한국어를 사용하는 인구도 상당한 수에 이르러 세계의 여러 언어 가운데 사용 인구로 보면 13위쯤 된다고 한다. 영향력 또한 더욱 커져 세계 9위쯤 된다. 또한 2007년 9월 제43차 세계지식재산권기구WIPO 총회에서 한국어가 포르투갈어와 함께 국제 공개어로 채택되면서 한국어로 특허를 제출할 수도 있고 특허 내용을 열람할 수도 있게 되었다. 우리말이 국제어로 한 걸음 다가가게 되었다.

우리말인 한국어뿐만 아니라 우리 글자인 한글의 위상도 대단하다. 잘 알다시피 2009년에 훈민정음학회가 인도네시아의 한 소수민족 언어인 찌아찌아말을 한글로 표기하도록 한 일은 우리말이 아닌 다른 언어를 한글로 표기하게 되었다는 점에서 온 국민이 함께 기뻐할 일이다. 가장 독창적이고 과학적인 글자임에도 불구하고 지금껏 우리만의 글자라는 한계를 넘어서지 못했던 한글이 드디어 한반도를 벗어나 세계로 진출한 것이다. 한글 해외 보급의 첫걸음을 내디딘 이 사업이 앞으로도 성공적으로 지속된다면 장차 우리 민족의 소중한 문화유산인 한글을 지구촌 사람들과 함께 나누어 쓰는 길이 열릴 것이며, 또한 문맹 타파라는 세종대왕의 한글 창제 이념을 널리 펼치는 일이 될 것이다.

세계로 뻗어가는 한글, 정작 안에서는 냉대

이처럼 나라 밖에서는 우리말과 우리글이 그 위상을 드높이고 있는데, 나라 안에서는 어떠한가? 아침 신문을 편다. '매가뱅크의 꿈, 볼커룰에 물거품 되나'라는 제목이 눈을 끈다. 무슨 뜻인지 알 수 없다. 아침마다 신문에 등장하는 외국어를 보면 모르는 말이 너무 많다. '업사이클'이란 말도 등장한다. '리사이클' 이 '재활용품' 이라는데 그것을 '업up' 시킨다는 뜻이란다. 어디 신문만 그러할까. 누구보다 우리말을 올바르게 사용하는 데 앞장서야 할 공공 행정기관의 언어 사용 또한 이와 다르지 않다. '힘내自! 중소氣UP, 공공구매路'라는 어느 행정기관의 구호는 인터넷에서나 볼 수 있는 한글 파괴처럼 우리말의 표기를 아예 무시하고 있다. 또 다른 기관의 '소셜 네트워크 서비스인 미투데이'라는 정책 설명을 대하게 되면 정말 행정기관의 우리말 사용이 이렇게까지 가도 되는가 하는 생각이 든다.

친서민 정책인 'G-러닝'이나 '마이크로 크레딧', 그리고 여성 창업 지원을 위한 '맘프러너창업스쿨'이라는 용어도, '보문산 New Green Park 프로젝트'라는 사업 이름도 일반 국민이 선뜻 알아보기 어렵다. 이처럼 국민이 잘 이해하지 못한다면 아무리 좋은 행정이라도 공감을 얻기 어려울 것이다. 요즘 곳곳에 '내 아파트'가 눈에 띈다. 알고 보니 한글 '내'가 아니라 로마자 고딕체로 쓴 LH이다. 한국토지주택공사를 그렇게 부른단다. 공공기관 이름을 이렇게 쓰는 것이 한둘이 아니지만, 외국인도 알아볼 수 없고 우리 국민도 무슨 뜻인지 모르는 표기를 자꾸 늘려가야만 할 것인가.

말이란 의사소통의 도구다. 말이 의사소통의 구실을 제대로 하자면 쉽고 정확해야 한다. 행정기관에서 쓰는 말은 더더욱 그러하다. 행정기관에서 국민들에게 알리는 공문서, 보도자료, 정책 이름에 어려운 표현, 의미가 불분명한 단어, 규범을 망가뜨린 표기가 쓰인다면 그 글을 읽는 일반 국민은 정부의 뜻을 바르게 이해할 수 없을 것이다. 때로는 그 뜻을 잘못 이해하여 피해를 볼 수도 있을 것이다.

행정기관이 사용하는 언어는 국민의 권리와 의무에 직접 관계를 맺고 있다. 따라서 국민 누구나 이해할 수 있도록 쉽고 정확해야 한다. 지금까지 어려운 말, 잘못된 말이 쓰였다면 함께 반성해야 할 것이다. 불필요한 외국어를 섞어 쓴 일은 없는지, 지나치게 어려운 한자말을 섞어 쓴 일은 없는지, 공무원 모두가 되돌아보아야 할 것이다. 그리고 제대로 된 행정용어를 사용하여 국민에게 다가가도록 다짐을 새롭게 해야 할 것이다.

말이 오르면 나라도 오른다

대표적인 공공언어인 방송언어도 그렇다. 현대 사회에서 우리는 매체를 통해 쏟아지는 정보를 매일매일 받아들인다. 만약 정보를 전달하는 언어가 쉽고 정확하지 않다면 우리 사회는 혼란스러울 것이다. 이러한 점에서 방송언어도 반성할 점이 없는지 되살펴보아야 한다.

흔히 방송은 우리 사회를 비추는 거울이라고 한다. 방송언어 또한 생활의 생생한 언어 그대로를 반영하기도 한다. 그렇다고 해도 언어 예절이 실종되고 막말과 비속어가 일상화된 품격 없는 말을 방송에서 계속하여 내보내는 것은 결코 바람직하지 않다. 방송에는 우리 사회의 언어 사용을 이끌어 가야 하는 의무도 있기 때문이다. 적어도 청소년들만이라도 이런 언어 환경에 노출되지 않았으면 한다. 언어는 인격 형성과 밀접한 관계를 맺고 있기 때문에 청소년의 언어 사용은 그 어느 것보다도 중요하다. 우리 모두가 지혜를 모아야 할 문제라고 생각한다.

G20 정상회의 서울 개최를 계기로 우리는 다시금 국격을 돌아보게 되었다. 우리나라가 정치와 경제 분야에서 세계 속에 우뚝 솟아 있고 스포츠 분야에서도 세계인 모두의 주목을 받고 있는 이때, 우리의 국격을 높이는 것이야말로 오늘을 사는 우리가 해야 할 중요한 몫이라 여기기 때문이다.

주시경 선생은 일찍이 "말이 오르면 나라도 오른다"고 말씀하셨다. 나라가 오른다는 것은 곧 국격이 높아지는 것을 말한다. 국격을 높이는 데는 여러 가지 할 일이 있지만, 그 가운데서도 우리는 말글 생활을 통해서 국격을 높여야 한다.

2009년부터 정부는 한국어와 한글의 국제 경쟁력을 높이는 '세종사업'을 추진하고 있다. 세종사업에는 나라 밖으로는 한국어 교육기관을 '세종학당'으로 지정하여 한국어를 체계적으로 보급하는 정책이 들어 있고, 나라 안으로는 공공언어를 쉽고 정확하게 쓰기 위한 다양한 사업이 들어 있으며, 이를 지원하기 위한 새로운 개념의 국어대사전 편찬사업도 함께 들어 있다. 이 모두는 우리의 자랑스러운 우리말과 우리글의 가치를 세계인이 함께 누리는 날을 함께 앞당기려는 목적에 모아져 있다.

우리 사회가 더욱 품격 있는 말을 사용하고 특히 행정기관이 앞장서서 바르고, 쉽고, 정확한 말을 사용하기를 희망한다. 그래서 말이 올라 나라가 오르는, 그러한 사회가 되길 기대한다.

권재일 1953년 경북 영주 출생. 서울대 언어학과를 졸업하고 동 대학원에서 박사학위를 받았다. 서울대 언어학과 교수로 재직하다가 2009년 국립국어원 원장으로 취임했다.
저서로 『한국어 통사론』 『한국어 문법사』 『남북언어의 문법 표준화』 『사라져가는 알타이언어를 찾아서』 『중앙아시아 고려말의 문법』 등이 있다. 이 글은 필자가 대한민국 정책포털인 공감코리아(2010. 4. 30)에 기고한 칼럼을 일부 수정, 재수록한 것이다.

고품격 유머, 고품격 코리아

신상훈 방송작가

'클린지수'라는 것이 있다. 세계 각국의 도시에 지갑을 떨어뜨려 놓고 회수되는 비율을 조사한 수치다. 이를 통해 시민의 의식수준을 엿볼 수 있다. 그렇다면 나라별 유머지수를 측정할 수 있는 방법은 없을까? 아직까지는 없다. 그러나 나라별로 얼마나 많이 웃는지에 대한 연구는 이루어지고 있다.

SK 브랜드관리실에서 조사한 자료에 따르면, 우리나라 성인들은 하루 평균 열 번, 한 번에 8.6초를 웃는다고 한다. 하루에 90초, 80 평생에 달랑 30일만 웃는다는 얘기다. 그에 반해 걱정, 근심은 하루 3시간 6분을 한다. 10년 이상 고민만 하다 죽는 것이다. 4~5세 아이들은 하루에 300번 이상을 웃는다. 아이들이 어른보다 건강한 이유다. 그래서 아이들이 어른보다 오~래 산다.

유머 강의를 하러 전국을 다녀 보면 심각한 표정을 짓고 있는 사람을 많이 만난다. 걱정할 일이 쌓여 그럴 것이다. 그들 중에 유독 심각한 얼굴을 한 사람이 있기에 무슨 일이 있느냐고 물었다. 그랬더니 방금 전 아내한테서 문자를 받았단다.

'우리 그만 헤어져.'

웃을 수 없는 게 당연하다. 그러나 고민한다고 문제가 해결될까? 오히려 유머 강의에 집중하다 보면 좋은 해결책이 떠오르거나 자연스레 해결될지도 모른다. 강의 후 다시 문자가 올 수도 있다.

'여보 미안해. 문자 잘못 보냈어. 딴 남자에게 보낼 건데….'

독일의 심리학자 헤르만 에빙하우스의 망각곡선에 따르면, 10분 후부터 망각이 진행되어 1시간 후에는 50%, 하루 뒤에는 70%를 잊어버린다고 한다. 잊어버리는 게 결코 나쁜 건 아니다. 그런데 나쁜 기억을 자꾸 되살리는 놈이 있다. 바로 '말'이다.

최근 우리 사회에는 서로의 상처를 후벼 파고 소금 뿌리고 사포로 문지르는 '말'이 너무나 많다. 인사라고 던지는 말이 "자네 어디 아파? 안색이 안 좋아"다. 그러면 아무 일 없던 사람도 갑자기 아파지기 시작한다. 신장개업 집에 가서도 "요즘 불경기라던데, 김밥 집이 잘 될까? 하여간 축하해"라고 말한다. 그 말에 김밥천국이 김밥지옥 된다.

이 정도는 약과다. 사회 지도층이란 사람들이 경쟁이라도 하듯 막

말을 해댄다. "다 줄 생각을 해야 하는데 아나운서가 되고 싶냐?" "북한이 좋으면 북한 가서 살아라." 이건 소통이 아니라 호통이다.

청와대에 유머작가를

약이 되고 힘이 되는 말도 있다. 고 정주영 회장은 동생 정세영 씨가 고려대에 시험을 친 뒤 떨어질 것 같아 고민하는 모습을 보고 이렇게 말했다고 한다. "야 이놈아, 나도 들어간 고대에 니가 왜 못 들어가니?" 형이 고려대 건물을 지을 때 노가다를 했다는 걸 아는 동생은 한바탕 웃음을 터뜨렸다.

말의 힘은 강하다. 웃음을 주는 말은 더 강하다. 웃으면 고민이 날아간다. 옛말이 역시 맞다. '웃어 넘기자!'

스트레스stress는 원래 '팽팽하다tight, 좁다narrow'는 뜻의 라틴어 'strictus'라는 말에서 유래했다. 사고의 틀이 팽팽하고 좁아지니까 막히는 것이다. 이때 유머는 긴장을 풀어주고 좁은 길을 뻥~ 뚫어준다. 웃겨야 효과도 좋다.

화장실 소변기에 붙은 문구를 보라. '한 발 앞으로'보다는 '당신의 총은 장총이 아니다'라는 표현이 더 효과적이다. 문구 대신 이미지를 쓰면 더 큰 효과를 볼 수도 있다. 암스테르담 공항에서는 화장실의 소변기에 파리를 그려놓았더니 흘리던 소변의 80%가 줄었다고 한다. 파리 그림을 보고 흥미를 느낀 사람들이 정조준하여 일을 보았기 때문이다. 웃으면 손이 열리고, 머리가 열리고, 가슴이 열린다. 열린 자세로 신이 나서 행동하게 된다.

그래서 지도자의 덕목에 유머가 절실한 것이다. 서민들의 막힌 속을 뚫어주는 지도자가 진짜 지도자다. 호통만 치지 말고 소통이 되도록 웃음을 주어야 한다. 그 속에서 희망의 말을 전해야 한다. 사막을 40년 동안 헤맨 유대인들이 포기하지 않은 이유는 가나안이란 희망 때문이었다. 모세는 말로 그 희망을 보여준 사람이다. 그런데 만약 모세가 여자였다면 40년 동안 헤매지는 않았을 것 같다. 길을 물어봤을 테니까.^^

"한국 경제가 긍정적인 측면도 있지만 아직도 긴 터널의 중간쯤 와 있다."

이런 식의 말은 곤란하다. 2009년 4월 무역투자진흥회의에서 대통령이 한 말이다. 건설회사 출신이라 터널에 비유하는 경우가 많은가 보다. 이런 말을 들으면 답답하다. 지금도 어려운데, 터널의 중간이라니. 지도자는 희망의 언어를 사용해야 한다. 우리나라도 백악관처럼 유머작가에게 자문을 구하면 어떨까? 그러면 대통령의 표현도 달라질 것이다.

"긴 터널의 중간쯤 와 있다. 그러나 터널은 가장 빠른 지름길이다. 터널을 통과하는 순간 우리는 가장 앞선 나라가 될 것이다."

유머는 학교에서부터

왜 우리는 긍정적인 말보다 부정적인 말을 앞세우는 것일까? 국민들을 유쾌하고 행복한 생각을 하도록 만들 수는 없을까? 나는 가능하다고 본다. 교육이 답이다. 그런데 우리나라 교육환경을 생각하면 답답함이 밀려온다.

한번은 퇴직을 앞둔 교장선생님들을 대상으로 강의를 하다가 이런 농담을 했다.

"여러분, 유명한 사람들은 호가 있습니다. 이순신 장군의 호가 뭐죠? 그렇죠. 충무공이죠. 충무 어디에 갔더니 불멸이라고 하시는 분이 있더군요. 그러면 안중근 의사의 호는 뭐죠? 도산? 도산이 뭐예요. 도마죠. 그럼 다산은 누굽니까? 정약용. 다행이네요. 난 김지선이라고 할까봐 걱정했어요."^^

이때 한 여자 선생님이 손을 드시더니 "안중근의 호는 도마가 아니에요. 그건 세례명이고 안중근은 호가 없어요."

순간 당황했다. "아, 네… 저도 알지만 그냥 재미있게 하느라고 도산, 도마 이렇게 한 겁니다."

그러자 그분이 정색을 하면서 "그래도 역사를 왜곡하면 안 되죠. 도마는 호가 아닌데!"라고 말하는 것이었다.

선생님의 말씀은 맞다. 웃기려고 역사를 왜곡하면 안 된다. 하지만 꼭 그렇게 얘기해야 했을까? 강의 후에 따로 불러 얘기해주면 안 되었을까? 강의 내내 그 선생님은 단 한 번도 웃지 않았다.

유머에도 수준이 있다. 저질은 상대방을 웃음의 소재로 삼는 사람, 고급은 자기를 웃음의 소재로 삼는 사람, 최고급은 남들이 자기를 웃음의 소재로 삼아도 웃는 사람. 상대방의 약점을 헐뜯어 웃기는 개그맨들은 금방 사라지지만 자기를 비웃어도 껄껄 웃어주는 강호동, 유재석은 인기를 끌고 있다는 사실을 명심할 필요가 있다.

그런 면에서 모 그룹의 회장은 유머감각이 상당하다. 한 고등학교의 동창모임에 초대 연사로 갔는데, 그 회장이 자기소개를 이렇게 하는 것이었다.

"안녕하십니까? 조폭 회장 000입니다."

아들 문제로 주먹을 썼다가 사회면 뉴스로 오르내린 분인데, 그렇게 본인 스스로 망가지는 것을 보고 신선한 충격을 받았다.

공무원들도 유머감각이 많이 좋아졌다. G20 준비위원회에 강의를 갔을 때 사공일 위원장을 가리키며 "저분 하는 일이 맨날 노 젓는 일이죠?"그랬더니 빵 터지는 것이었다.

그런데 교사들은 아직도 자신이 유머의 소재가 되면 화를 낸다. 왜 화를 낼까? 유머의 내용이 사실이기 때문에 그렇다. 진실은 가슴에 닿는 법이니까.

교장이 되려는 선생님들의 연수모임에서 있었던 일이다.

"우리나라 교육이 잘 되려면 교장선생님들을 교육 선진국인 핀란드나 이스라엘 같은 곳에 연수를 보내드려야 합니다"라고 말하자 박수가 터져나왔다.

"그런데 그 비행기가 돌아오다가 인도양 상공에서 처박혀야 합니다"라고 하자 안색이 돌변했다. 일반인들에게 이 조크를 하면 대박 웃음이 터지는데, 선생님들의 반응은 싸늘했다. 그다음에 계획이 잡혀 있었던 강의도 취소되었다.

유머는 창의력과 직결된다. 유머감각이 없는 선생님들이 학교를 책임진다면 우리나라의 미래는 깜깜한 미로와 같다. 학교가 깜깜한 미로라면 한국의 미래는 더욱 깜깜한 말로다. 이제부터라도 유머교육을 시작해야 한다.

한 가지 방법이 있다. 재미난 수업으로 학생들이 좋아하는 교사를 시상하고 박수를 쳐주는 것이다.

미국의 월트 디즈니에서는 매년 '올해의 교사상'을 수여하여 음지에서 일하는 교사들을 격려하고 있다. 이 상을 수상한 선생님 가운데 레이프 에스퀴스라는 사람이 있다. LA 빈민가의 초등학교에서 아이들을 가르친다. 아이들 대부분은 저소득 흑인들과 한인들이다. 그는 이들을 가르쳐서 상위 1% 학생으로 만들고 아이비리그에 입학시켰다.

그의 교습방법은 '재미있는 학급활동'이다. 수학도 재미있는 게임과 퀴즈로 만들어 가르친다. 아이들이 잘못했을 때는 활동 프로그램에 참여하지 못하는 벌을 준다고 한다. 수업시간이 얼마나 재미있기에 그럴 수 있을까.

우리도 이런 창의적 선생님을 격려하고 장려하는 문화를 키워야 한다. 돌아가면서 나눠먹기 식으로 주는 교사상이 아니라 정말로 감동적이고 훌륭한 선생님들을 찾아내서 박수를 쳐주면 좋겠다. 그런 선생님이 많아야 일류학교도 되고 일류국가도 된다.

신상훈 라면이 한국에 처음 소개된 1963년 세계 라면의 날인 8월 25일 출생. 한양대 연극영화과를 졸업한 후 미국 콜롬비아 컬리지 방송학과에 다니면서 LA 라디오코리아의 프로듀서, 작가, DJ로 활동했다. 1986년부터 KBS, MBC, SBS 등에서 일하면서 대한민국을 통쾌하게 웃겨온 코미디작가이자, 주요 기업들로부터 최고의 명강사로 인정받은 유머강사다. 2004년 KBS 방송연예대상 작가상을 수상했다. 현재 서울종합예술학교 개그/MC예술학부 교수로 재직하고 있다.
대표작으로 「일요일 일요일 밤에」 「폭소클럽」 「시사터치 코미디파일」 「세상만사」 「김미화의 세계는 그리고 우리는」 「뽀뽀뽀」 등이, 저서로 『유머가 이긴다』 『애드립 사전』 『애드립의 기술』 등이 있다.

나라 가꾸기는 숲 가꾸기부터

정광수 산림청장

우리나라는 산이 많다. 국토에서 산림이 차지하는 면적의 비율이 OECD 국가 가운데 핀란드, 스웨덴, 일본 다음으로 높다. 북한 지역을 포함하면 세계에서 두 번째다. 산이 많을 뿐 아니라 산세 또한 빼어나다. 우리의 삶과 문화는 그러한 산으로부터 절대적 영향을 받아왔다. 조상 대대로 모셔온 산신山神은 우리나라밖에 없고, 우리나라처럼 풍수지리가 발달한 나라도 없으며, 우리 국민만큼 등산을 좋아하는 나라도 없다. 모든 물줄기의 근원이 산이고, 모든 정신문화의 도량이 산이다.

산의 나라에서 산림은 곧 국토의 얼굴이요, 국격의 표상이 된다. 우리의 산림은 어떤가? 전에 일본을 방문했던 사람들은 아름드리 삼나무와 편백으로 가득한 곳곳의 숲을 보고 부러움을 감추지 못했다. 독일에 다녀온 사람들도 햇빛을 가린 울창한 흑림黑林을 보고 압도되는 느낌을 받았다고 했다. 이제 우리나라도 그런 평가를 듣고 있다. 2005년 필자가 남북농림회담 대표로 개성에 갔을 때 남한을 자주 왔다는 북한 대표가 이런 말을 했다.

"처음 남한에 갔을 때 가장 놀라웠던 것은 울창한 산림이었다. 더욱 놀라운 것은 인가 부근에도 나무가 많았다는 것이다."

과거에 벌건 속살을 그대로 드러냈던 부끄러운 우리 산림이 근래에 와서는 북한 대표가 놀랄 정도로 완전히 바뀐 것이다.

"한국, 2차 대전 후 유일한 성공사례"

지금의 젊은 세대는 잘 모르겠지만 우리 주변의 산과 숲은 불과 수십 년 전까지만 해도 전혀 다른 모습이었다. 1960년대 말까지 우리 산림은 오늘의 북한보다 더 황폐되어 나무 없는 민둥산이 전체 산림의 절반 이상을 차지했다. 땔감이 없어 솔잎까지 긁어서 땠고, 망가진 산에는 송충이가 들끓었으며, 비만 오면 토사가 쓸려 내려와 하천을 메웠다. 그랬던 산림이 1973년부터 전국적으로 시작된 치산녹화사업으로 면모를 일신하게 되었다.

우리 산이 헐벗었던 1971년, 박정희 대통령은 황폐지였던 경북의 영일지구 일원에 사방砂防사업을 추진하라고 지시했다. 이 지역은 한·일 국제항공노선의 첫 관문이었음에도 풀 한 포기 없는 황폐지가 널려 있었다. 누가 보기에도 황량한 풍경을 개선하기 위해 시급히 녹화사업을 추진했던 것이다. 결국 숱한 난관을 극복하고 1977년 특수 사방공사를 완료함으로써 이 지역은 푸르른 환경을 갖추게 되었다.

치산녹화를 위해 우리는 지난 세월 동안 110억 그루의 나무를 심었고, 곡괭이도 들어가지 않는 메마른 땅 68만 헥타르에 사방사업을 했으며, 30만 가구의 화전민을 이주시켰다. 오늘날의 푸른 산림 곳곳에는 당시 나무를 심고 가꾼 우리 국민들의 땀과 노력이 진하게 배어 있다.

불가능하게 여겨졌던 산림녹화가 성공하자 곳곳에서 찬사가 이어졌다. 유엔은 "2차 세계대전 이후 유일한 성공사례"라고 평가했고, 세계적 환경운동가인 미국 지구정책연구소 레스터 브라운 소장은 "한국의 산림녹화는 기적이고, 개도국의 성공모델"이라고 했으며, 유엔 환경계획 사무총장 아킴 슈타이너는 "한국의 녹화 성공은 세계의 자랑거리"라고 극찬했다.

심는 녹화에서 가꾸는 녹화로

우리 산림은 이제부터가 더 중요하다. '녹화'에는 성공했지만 '자원화'는 아직 초보단계이기 때문이다. 일부 식자들은 우리 산림을 두고 "사람이 들어갈 수 없을 정도로 나무가 빽빽하지만 잡목만 가득할 뿐 쓸모 있는 나무는 적다. 왜 우리 산에는 외국처럼 쭉쭉

뻗은 나무가 없는가"라며 비판하기도 한다. 지극히 옳은 말이지만, 모든 일에는 순서가 있게 마련이다.

답답하게 느껴질 정도로 산에 나무가 빽빽한 것은 심어만 놓고 가꾸지 않았기 때문이다. 또한 쓸모없는 나무가 많은 것은 땅이 워낙 척박해 그런 나무를 심을 수밖에 없었기 때문이다. 그러나 지난 수십 년간 낙엽이 쌓여 지력이 좋아졌기 때문에 지금은 어느 나무를 심어도 잘 자랄 수 있는 토양이 마련되었다.

우리 산림청은 지금 3가지 방향으로 산림의 선진화를 추진하고 있다.

첫째, 우리 산림을 품격 있고 가치 있게 가꾸는 것이다. 우선 녹화기에 심은 리기다, 아카시아 등 가치가 적은 나무를 2020년까지 백합나무, 편백, 금강소나무와 같이 가치 있는 수종으로 바꿔나갈 계획이다. 심어만 놓고 가꾸지 않은 조림지는 대대적인 숲 가꾸기를 통해 우량한 숲으로 만들고 그 과정에서 나오는 나무는 알뜰히 수집하여 유용하게 활용할 것이다. 도로변과 생활권 주변에는 단풍나무, 복자기 등 풍치를 돋보이게 하는 나무를 식재하고, 산을 망치는 칡덩굴과 가시박 등을 제거해 산림의 전반적인 품격을 높여나갈 것이다. 또한 벌채를 할 때는 일정 그루의 우세목을 남겨 경관을 해치는 일이 없게 할 것이다.

둘째, 우리의 산림을 잘 지키고 이용하는 것이다. 산과 산을 이어주는 임도를 늘려 접근성을 높이고, 산불과 병해충, 그리고 산사태 등으로부터 산림을 보호하는 한편 목재 공급을 확대하며, 산양삼 등 청정

임산물의 생산량을 늘려 주민소득 향상과 일자리 창출을 꾀할 것이다. 도시에 숲을 만들어 쉼터를 제공하고, 우리 국민들이 산에서 휴식과 휴양을 취할 수 있는 숲길, 자연휴양림, 숲 요양원 등도 확충할 것이다. 특히 우리 국민들이 요람에서 무덤까지 자연과 연계되는 삶을 살 수 있게 하는 생애주기형 산림복지체계가 구축되면 우리의 산과 숲이 최고의 건강지킴이로서 국민의 행복지수를 높여주고 국토를 품격 있게 만드는 새로운 활력소가 될 것이다.

셋째, 국제사회에서 우리의 위상을 높이는 것이다. 우리나라는 일찍부터 해외 조림을 시작하여 이미 11개 나라에 제주도 면적보다 넓은 21만 헥타르를 조림했다. 뿐만 아니라 몽골, 중국, 미얀마의 사막지역에 나무를 심고 매년 개발도상국가의 공무원을 초청해 사방녹화기술을 전수하고 있다. 국가 차원에서 우리처럼 해외 나무심기와 사막화 방지를 지원하는 나라가 없기에 국제사회에서도 호평을 받고 있다. 우리가 아시아에서 처음으로 2011년 10월로 예정된 '유엔 사막화 방지 총회'를 유치할 수 있었던 것도 이처럼 모범적인 산림정책에 기인한 바 크다. 또한 우리나라는 아시아 지역의 산림 분야를 동반 성장시키기 위한 아시아산림협력기구 창설을 제안해놓은 상태다. 이미 동북아 사막화 방지 포럼, 산불방지 네트워크 등에서 국제적 협력을 주도하고 있지만, 이 기구가 설립되면 우리는 국내외에서 가장 성공적인 산림 분야의 글로벌 리더로 우뚝 서게 될 것이다.

산림은 선진 한국의 표상

2010년 8월 23일 서울 코엑스에서 3000여 명의 외국 학자들이 참석한 가운데 '제23차 세계산림과학대회'가 성대하게 열렸다. 역대 최대 규모였던 이 행사의 개회식에 참석한 이명박 대통령은 환영사를 통해 "산림은 생명의 근원이고 우리 삶의 터전일 뿐 아니라, 물과 공기를 정화하는 허파이고 기후변화협약에서 인정하는 유일한 탄소 흡수원이자 사막화를 막는 보루"라고 하면서 "인류는 지속가능한 발전을 위해 산림을 해치려는 탐욕을 억제하고 인류와 지구가 조화롭게 발전하는 지구책임적 체제를 함께 만들어가야 한다"고 강조했다.

산림을 잘 가꾸면 나무의 생장과 자연경관을 좋게 할 뿐 아니라 수자원과 생물 다양성을 늘리고 탄소 흡수원을 증대시키는 효과가 있다. 우리 인간에게 생기는 이로움은 굳이 설명이 필요없을 정도다.

산림의 가치는 이미 경제자원으로서의 가치를 넘어서고 있다. 아프리카 여성으로 2004년 노벨평화상을 수상한 왕가리 마타이가 "숲은 지구의 미래"라고 말한 데서도 알 수 있듯이, 이제 산림은 기후변화, 생물 다양성, 사막화 방지 등 각 분야에서 하나뿐인 지구를 지키는 유일한 대안이 되었다. 이 때문에 유엔은 2011년을 '세계 산림의 해'로 정했다.

우리나라는 세계가 인정한 산림녹화 성공 국가이다. 이제는 녹화의 성공을 뛰어넘어 숲 가꾸기에도 성공함으로써 우리의 산림이 명실공히 선진 한국의 표상이 되어 국격을 높이고 지구환경에도 기여하여 세계인에게 희망을 주는 녹색 플랫폼이 되어야 할 것이다.

정광수 1953년 강원도 춘천 출생. 강원대 임학과를 졸업하고 서울대에서 임학석사와 농학박사 학위를 받았다. 1979년 기술고시(15회)에 합격했으며 주인도네시아대사관 임무관, 임업연수원장, 산림청 임업정책국장과 산림자원국장, 국립산림과학원장을 역임했다. 산림청 차장을 거쳐 지금은 산림청장으로 재직 중이다.
저서로 『춘추전국의 지혜』가 있다.

샷세 교수는 무엇에 매료되었을까?

배기동 한양대 문화인류학과 교수

격세지감이 든다. 우리 문화는 열등한 것이라는 생각이 지배적이던 시대를 지나 이제는 우리의 전통문화를 자랑스럽게 세계화하자는 정책이 세워지고 실행되고 있는 것을 보며 드는 느낌이다. 여하간 전통문화를 새로운 시각으로 바라보아야 한다는 주장에 많은 사람들이 공감하는 것은 분명한 사실이다. 그런데 여기서 곰곰이 생각해볼 것이 있다. '오늘날 이 잘사는 사회에서 왜 전통문화인가?'를 말이다. 그 이유를 분명하게 알지 못하면 우리 스스로 진정한 자부심을 가질 수 없을뿐더러 다른 문화권의 사람들에게도 설득력 있게 다가갈 수 없기 때문이다.

단언컨대 우리나라가 오늘날 이 정도로 살게 된 것은 우수한 전통문화라는 배경이 있었기 때문이다. 그것이 없었다면 지난 수십 년간의 노력으로도 서구 열강과 어깨를 나란히 하는 나라로 발돋움하기는 어려웠을 것이다. 다른 많은 나라들이 이를 반증한다. 우리와 같은 호모사피엔스이고 잘살기 위해 노력했지만 결과는 달랐다. 세계인이 놀라는 우리의 발전 모습 이면에는 문화적으로 뛰어난 능력이 있었다고 해석할 수 있다. 어떻게 이러한 문화적 능력을 갖게 되었는지에 대해서도 여러 가지로 설명할 수 있을 것이다. 한 가지 분명한 것은 우리 민족이 대륙과 해양의 다양한 문화를 섭렵하여 끊임없이 새로운 문화를 창조해왔다는 점이다.

우리는 지금 세계화의 시대를 살고 있다. 필자는 세계화를 두 가지 측면에서 생각한다. 하나는 산업적인 측면이고 다른 하나는 문화 다양성의 측면이다. 국가의 브랜드 이미지를 높여 이를 경제 교류에 활용하는 것이 산업적 측면의 세계화라면, 우리 고유의 전통문화를 확실하게 자리매김하여 스스로의 정체성을 확립하고 다른 유수한 문화와 함께 가치를 드높여가도록 만드는 일은 문화적 측면의 세계화라고 할 수 있다. 두 측면의 경중과 선후를 떠나 전통문화의 세계화는 우리가 이루어내지 않으면 안 되는 당대의 과제가 되었다.

한옥, 이보다 좋을 수 없다

전통문화의 세계화는 그렇게 멀고 힘겨운 일이 아니다.

한국에 와서 사는 외국인들이 우리의 전통문화에 매료되는 경우들만 깊이 들여다보아도 그 속에서 얼마든지 길을 찾을 수 있다.

필자가 잘 아는 독일의 한국학자이자, 전위무용가 홍신자 씨와 약혼을 발표하여 많은 이들을 놀라게 한 베르너 삿세 한양대 교수. 그는 담양의 한 한옥집에서 살고 있다. 불편하지 않느냐고 물으면 그렇게 좋을 수가 없다고 답한다. 우리가 잘 몰랐거나 외면했던 장점을 그가 알아본 것이다. 우리의 전통문화가 얼마나 좋은 것인지, 또 세계화의 가능성은 어디에 있는지를 그대로 보여주는 예라고 할 수 있다. 이 같은 예는 주변에 얼마든지 있다. 몇 년 전 이란의 테헤란 시가지에서 사람들이 드라마 「대장금」을 화제로 이야기를 나누는 것을 보고 너무도 즐거웠던 기억이 있다. 그들은 특히 음식의 과학성에 대해 많은 관심을 보였다. 이처럼 우리의 전통문화가 다른 문화에 접목될 여지는 충분하다.

안타까운 것은 우리의 소중한 문화유산들이 설 자리를 잃어간다는 점이다. 전통문화가 예전과 다른 대접을 받고 있다고는 하지만 여전히 왜소한 느낌을 지울 수 없다. 서울의 중심지에서도 한옥을 보존하기 위한 운동을 펼치고 있지만 실생활 중심의 주거 형태는 사라질 날이 멀지 않아 보인다. 지속적인 재개발로 도심이 현대식 건물로 채워지면서 가회동 같은 북촌의 한옥마을은 화석화된 전통문화로만 남게 될 공산이 커졌다. 이것이 현 사회정책의 현실이다.

우리가 진정으로 아끼며 향유하는 문화가 아니라면 어떻게 좋다며 남에게 소개할 수 있을까? 전통문화를 세계화하려면 적어도 우리 자신부터 우리 문화에 대한 이해와 공감을 갖고 제대로 보존하는 정책을 적극적으로 펼쳐야 하지 않을까?

전통문화 세계화의 첫째 조건

사실 우리는 그동안 전통문화에 대한 열등의식을 가지고 살아왔다. 누구는 일본의 식민지정책 때문이라고 하고, 누구는 밀려드는 서구문화의 홍수 속에서 우리 스스로를 비하한 탓이라고도 한다. 우리가 전통문화의 혁신과 재창조에 소홀했던 배경에는 분명 이와 같은 요인들이 있었을 것이다.

문화의 수준은 곧 그 나라의 격이다. 하루아침에 달라지지 않고, 외양을 바꾼다고 해서 쉽게 끌어올려지지 않는다. 한 사람의 천재가 기적의 발명품처럼 만들어낼 수 있는 것도 아니다. 모든 사람들이 자기 문화에 대한 애정과 자부심을 가지고 보존과 재해석에 끊임없는 노력을 기울일 때 수준이 올라가고 덩달아 격도 높아지는 것이다. 문화는 본질적으로 오랜 기간의 작은 혁신들이 모아져 점차 새로운 모습으로 변화, 발전하는 생물체와도 같기 때문이다. 이를 깊이 인식하지 못하면 문화는 사라지고 세계화는 환상에 그치고 말 것이다.

그런 면에서 우리는 전통문화의 재발견에 눈을 떠가고 있는 요즘의 추세를 지혜롭게 이어갈 필요가 있다. 우선은 보존에 가장 심혈을 기울여야 하고, 다음으로는 오늘날에 걸맞게 구현해야 한다. 「대장금」의 예에서 보듯 그 방식에 따라 효과는 엄청날 수 있다. 천문학적인 부가가치 창출은 물론이거니와 국가 이미지 제고에 크게 기여하게 된다.

시대에 맞게 전통문화를 재해석하고 재현하는 일은 누군가 대신 해줄 수 없다. 우리 자신이 해야 한다. 그렇다고 모두가 할 수 있는 것은 아니다. 여기에 맞는 사람을 키워야 한다. 역사 속의 대장금을 현대적으로 재해석하고 다시 이를 좋은 영상으로 담을 수 있었던 것은 결국 감각과 기술이 뛰어난 전문가들이 있었기 때문이다.

필자는 전통문화와 관련된 여러 분야의 전문가들을 양성하는 일이야말로 전통문화의 세계화를 위해 가장 중요한 전략이라고 생각한다. 이것이 전제되지 않는 한 전통문화의 세계화는 한때의 이슈로 반짝했다가 영영 요원한 꿈으로 끝나고 말 것이다.

전통문화의 보존에 힘쓰는 국민, 전통문화에 새로운 생명력을 불어넣어 보편적 감동을 불러일으키는 전문가가 함께 어우러질 때 비로소 우리의 전통문화는 세계인이 즐겨 찾는 유산으로 거듭날 것이다. 그 속에 국격이 있다.

배기동 1952년 대구 출생. 서울대 고고학과를 졸업하고 미국 버클리 소재 캘리포니아대에서 박사학위를 취득했다. 세계박물관대회 조직위위원회 사무총장, 한양대 박물관 관장을 거쳐 한국전통문화학교 총장을 지냈다. 현재 한양대 문화인류학과 교수로 재직하면서 한국박물관협회 회장과 동아시아고고학연구소 소장을 맡고 있다.
저서로 『한국생활사박물관』 『금파리』 『전곡리』 등이 있다.

왜 과학기술부터 보여주지 않는가

한홍택 KIST 원장

2010년 1월 주한 이스라엘 대사가 KIST한국과학기술연구원를 방문했다. 그는 기술원을 한 바퀴 둘러본 후 진지한 표정으로 이렇게 말했다.

"한국의 풍광을 담은 관광 비디오를 본 적이 있는데, 솔직히 경치 좋은 다른 나라가 많아서인지 감동을 느끼지 못했다. 차라리 뛰어난 한국의 과학기술을 활용해 국가 홍보에 나선다면 기대 이상의 효과를 얻을 수 있을 것이다."

일리 있는 말이다. 실제로 이스라엘에서는 TV, 휴대전화 등 한국 상품들을 많이 사용하고 있는데, 그 제품들이 한국제라는 사실을 모르는 사람이 많고, 설사 알더라도 한국이 어떤 나라인지 모르는 사람이 대부분이라고 한다. 대사는 외국인들이 잘 모르는 문화보다는 한국이 짧은 시간에 세계 제일의 기술을 발전시킨 나라라는 것을 보여주는 것이 더 효과적일 수 있다고 지적했다.

과학 한국이 최고의 관광상품

흔히 효과적인 연구를 위해서는 기술 밀기technology push보다 시장 끌기market pull가 중요하다고들 말한다. 연구도 고객이 누구인지 알고 고객이 원하는 것을 알아야 쓸모가 있게 되고 분위기도 더욱 활성화된다는 뜻이다. 관광 홍보도 이와 별반 다르지 않을 것이다.

외국인들이 한국에 대해 궁금해하는 것이 급속한 과학기술의 발전이라면, 과학기술을 토대로 한 대외 홍보가 보다 더 효과적이지 않을까? 이스라엘에서의 예처럼 우리 전자제품들이 전 세계 시장에서 선두를 달리고 있는데도 정작 그것이 한국 제품임을 모르고 번번이 일본 제품으로 오인되곤 하는 경우가 얼마나 많은가. 이런 현실에서 그 제품들을 만들어내는 한국이 얼마나 앞선 과학기술을 가진 나라인지를 보여준다면 제품 홍보는 물론이거니와 우리나라의 국격 제고에도 큰 도움이 될 것이다.

필자가 오랫동안 몸담고 있던 미국의 UCLAUniversity of California, Los Angeles는 학교이면서도 항상 찾아오는 사람들로 붐비는 관광명소로 이름이 높다. 캠퍼스의 경치가 좋고 학교의 명성도 높아 자연 관광객들의 발길을 끌기 때문이다.

하지만 이곳도 자신을 가꾸는 데만 골몰하지는 않는다. 외부 사람들을 맞이하기 위해 다양한 노력을 기울인다. 시간을 따로 내어 방문객들에게 학교를 소개해주기도 하고, 각종 행사를 유치하여 사람들의 관심을 불러일으키기도 한다.

일개 학교도 자기를 널리 알리고 찾아온 사람들에게 깊은 인상을 심어주기 위해 노력하는 이때, 우리 한국은 무엇을 하고 있는가? 외국인들이 찾아와주기를 막연히 바라기보다는 우리가 가지고 있는 특별함, 즉 세계 시장에서 선두를 점유하고 있는 우리의 앞선 기술을 보여줌으로써 우리나라의 명성을 올리는 일에 무엇보다 심혈을 기울여야 한다.

이렇듯 전통적인 관광에 대한 발상의 전환을 통해 과학기술을 관광상품화하는 것은 자라나는 우리 청소년들에게 과학 한국의 중요성과 자부심을 일깨워주어 과학 강국의 토대를 더욱 공고히 하는 밑거름으로 작용할 것이다. 그런 의미에서 KIST와 한국관광공사가 업무협약을 체결하고 한국을 찾는 외국인들에게 스마트폰용 관광정보를 제공하기 위한 영문 어플리케이션을 개발하기로 한 것은 아주 고무적인 일이다.

지금은 과학 한국을 외국 관광객에게 널리 알려 국격을 높이고 첨단 과학기술로 한발 앞서가는 대한민국을 세계에 보여줄 때다. 우리는 세계 어느 곳에 자랑해도 부끄럽지 않은 최고의 과학기술과 산업 기술을 보유하고 있는 나라, 대한민국이다.

한홍택 1942년 출생. 서울대 기계공학과를 졸업하고 미국 펜실베니아주립대에서 공업역학 박사학위를 받았다. 워싱턴대를 거쳐 펜실베니아주립대, 캘리포니아주립대(UCLA)에서 교수로 재직했다. 미국 복합소재학회장과 세계 복합소재위원회 위원장을 역임했으며, UCLA의 석좌교수에서 2009년 KIST 원장으로 부임했다. 이 글은 필자가 매일경제(2010. 5. 13)에 기고한 칼럼을 일부 수정, 재수록한 것이다.

관광대국으로 가는 길

김민주 리드앤리더컨설팅 대표이사

세상이 항상 바뀐다고 하지만 어떤 것들은 좀처럼 바뀌지 않는다. 그런 것을 우리는 '법칙'이라고 부른다. 시간이 지나면서 '양量→ 질質→ 상像→ 격格'으로 발전하는 현상이 그런 경우다. 어떤 것이든 처음에는 개수로 대변되는 양이 중요하다가 어느 정도 지나면 내구력 같은 품질이 중요해지고, 그다음에는 한눈에 쏙 들어오는 외관 디자인이 중요하고, 마지막으로 사용하는 사람의 이미지를 올려주는 품격이 중요해진다는 것이다. 이러한 법칙은 눈에 보이고 만질 수 있는 제품에만 해당되는 것이 아니라 눈에 잘 보이지 않고 만지기가 힘든 서비스에도 해당된다. 문화와 관광도 예외가 아니다.

우리나라 관광시장은 그동안 양적으로 크게 팽창했다. 2005년만 보더라도 내국인은 외국으로 물밀듯이 놀러 가는 데 반해 외국인은 한국으로 놀러 오지 않아 관광수지 적자 폭이 커서 고민이 많았다. 하지만 우리나라 원화 가치가 하락하고 관광자원이 새롭게 개발되고 수용태세가 대폭 개선되면서 우리나라를 찾는 외국인 관광객이 크게 늘었다. 그 결과 2009년에는 어느새 외국인 관광객 수가 1000만 명을 넘어섰다.

관광객의 폭증과 함께 여러 문제점이 노출되었다. 숙박시설 부족, 입에 맞지 않는 음식, 높은 언어장벽, 골탕을 먹이는 싸구려 패키지 상품, 질 낮은 무자격 가이드, 빈곤한 관광콘텐츠 등으로 외국인들의 불평을 사고 있다. 저가관광에다 출혈경쟁으로 자원과 서비스가 양적 · 질적인 면에서 미달 사태를 빚으면서 관광 만족도를 떨어뜨리는 악순환 고리가 생겨났다. 이른바 저가관광의 한계를 고스란히 드러낸 셈이다. 해결책은 무엇일까?

답은 간단하다. 저가관광을 지양하고 고가의 품격 있는 관광으로 여행객의 만족도를 끌어올리는 것이다. 그러기 위해서는 전략 수립부터 관광상품 개발에 이르기까지 해야 할 일이 만만치 않다.

첫째, 고급화 전략이다. 여행사가 제대로 된 가격을 받을 수 있다면 여행에 품격을 줄 수 있다. 그런 여행상품이 과연 있을까? 있다. '내나라여행' 상품이 그렇다. 하나투어가 2007년에 개발한 고가의 여행상품인데, 대박이 났다. 매력적인 관광지에 최고의 숙박시설, 입맛을 자극하는 지역별 별미, 쾌적한 운송수단에 탁월한 가이드의 안내와

해설이 관광객들을 사로잡았기 때문이다. 이 상품은 국내 여행객에게는 물론 해외교포와 외국인, 특히 비즈니스로 한국에 오는 외국인에게도 인기를 끌고 있다. 가격이 높아도 여행상품의 품질과 품격만 높다면 얼마든지 성공할 수 있다는 것을 보여주는 좋은 사례다.

볼거리도 중요하지만…

둘째, 관광 수용태세는 어느 것 하나 중요하지 않은 것이 없지만 그중에서도 특히 음식과 숙박에 가장 많은 신경을 써야 한다. 방문하는 관광지가 아무리 볼만해도 숙박과 음식이 별로라면 관광객은 불편을 호소하지 않을 수 없다. 외국인 관광객들의 불만사항 가운데 음식과 숙박이 가장 큰 비중을 차지한다는 점도 우리가 이 부분을 시급히 개선해야 할 이유를 말해준다. 다행히 정부와 지자체, 업계가 외국인의 입맛을 잡기 위해 전문음식점을 개발하고 다양하고 품격 있는 숙박시설 확충에 노력을 기울이고 있다. 외국인들이 선호하는 불고기, 비빔밥, 삼계탕 등을 중심으로 대표 향토음식점을 육성, 지원하고 각국의 전문요리점을 개설하는 한편, 한옥 체험관, 한옥 호텔, 비즈니스 호텔을 확충하고 있다.

여기서 한 가지 더 고려해야 할 것이 있다. 다양한 관광객들의 독특한 기호에도 관심을 기울여야 한다. 예를 들어 최근 '자발적 유배'를 원하는 사람들이 늘어나는 현상을 주목할 필요가 있다. 이들이 찾는 곳은 개성 있는 공간이다. 우리나라에 템플스테이가 있지만 너무 편의 위주로 되어 있다는 지적을 받는다. 기본 취지에 맞기만 하면 불편한 시설이 오히려 개성적인 공간이 될 수 있다는 사실을 상기해야 하지 않을까? 그런 면에서 섬이나 산간 마을의 너와집 같은 숙박시설에 주목할 필요가 있다.

셋째, 품격 있는 이동수단도 필수적이다. 자주 이동을 해야 하는 관광의 속성상 이동수단은 만족도에 적지 않은 영향을 미친다. 현재로는 리무진 버스가 가장 일반적인데, 최근에 40인승 버스 외에 한 줄에 세 명이 앉을 수 있는 27인승 버스가 나오면서 이동의 쾌적성이 한결 높아졌다. 품격 있는 비디오 시설과 콘텐츠, 그리고 통번역이 가능한 서비스 덕분에 지루하지 않게 이동시간을 즐길 수 있게 되었다. 그런데 막상 고속버스가 머무는 휴게소의 수준은 이에 미치지 못한다. 정겹다고 말하는 사람도 있지만, 시끄러운 음악소리와 청소 상태가 불량한 식당과 화장실은 여전한 문제다. 좀 더 품격 있는 휴게소를 별도로 만들면 좋겠다는 생각이다.

우리나라 철도망도 더 촘촘해질 필요가 있다. 기후변화 이슈와 연계되어 연료 사용이 효율적인 철도가 각광을 받고 있으므로 철도의 고속화와 함께 더 많은 철도망 부설을 추진해야 한다. 철도를 이용한 다양한 관광상품 개발도 꾸준히 해나가야 한다. 최고급의 레일 크루즈로 불리는 철도공사의 '해랑' 서비스는 그런 면에서 눈에 띈다. 새마을열차를 고급으로 개조하여 전국 각지를 여행하는 상품으로 크루즈 여행처럼 잠도 기차에서 잔다. 남미나 유럽에도 이와 유사한 관광 프로그램이 있는데, 우리나라의 해랑은 아직 초기단계여서 개선의 여지가 많다.

넷째, 관광 자체를 위해 한국에 오는 외국인도 많지만 비즈니스나 다른 이유로 한국에 오는 외국인도 상당수다. 우리나라의 수준 높은 의료 서비스를 받기 위해 또는 각종 회의 등에 참가하기 위해 오는 사람들이다. 이런 외국인들에게 적절한 시간대의 관광 프로그램을 제공한다면 큰 호응을 얻을 수 있을 것이다. 개인 비용이 아닌 회사 비용을 지출하는 사람들은 일반 관광객보다 지출의사가 높다는 점에서 품격 높은 관광상품에 적합한 고객이 될 수 있다. 우리나라 국제공항을 들러 다시 외국으로 가는 관광객들에게도 공항대기 시간을 이용하는 환승관광transit tour을 적절히 제공한다면 매우 효과적일 것이다.

다섯째, 관광지에서 벌어지는 축제는 매우 중요한 관광 콘텐츠다. 우리나라에서도 지난 10여 년에 걸쳐 지자체들을 중심으로 지역을 알리기 위한 축제를 경쟁적으로 벌여왔다. 그중에는 함평 나비축제, 보령 머드축제처럼 크게 성공한 경우도 있다. 반면에 축제 중복, 프로그램 부실, 관광객 저조, 주민 참여 부족, 비용 지출 부조리, 축제와 지자체 활성화와의 연계 부족 등으로 명목뿐인 축제 또한 많아졌다. 이에 대한 반성으로 최근에는 많은 지자체들이 너도나도 식의 축제를 정리하고 선택과 집중 전략으로 선회하고 있다. 해당 도시만의 정체성을 잘 살린 축제를 개발하면 처음에는 인기가 낮아도 꾸준히 추진하면 훌륭한 축제로 정착할 수 있다. 영국 바스에서는 200여 년 전 인기 작가인 제인 오스틴을 테마로 하여 2001년부터 제인 오스틴 축제를 개최하기 시작했는데, 이것이 알려지면서 갈수록 많은 사람들을 불러모으고 있다.

관광에도 스토리텔링을

여섯째, 어느 분야든 그렇지만 관광에서의 스토리텔링은 너무도 중요하다. 똑같은 자연환경과 문화자원을 가지고도 스토리텔링을 어떻게 하느냐에 따라 지역의 매력도는 큰 차이를 보인다. 우선 해당 지역에 대해 잘 알려진 스토리를 실력 있는 문화관광해설사가 흥미롭게 풀어내는 일이 중요하다. 진도의 문화관광해설사인 허상무 씨는 진도에 대한 풍부한 지식과 알기 쉽고 재미있게 스토리를 전달하는 능력, 이야기만이 아니라 적절하게 창도 부르는 다재다능함이 어우러져 관광객을 탄복케 한다. 서울 경복궁의 문화관광해설사는 어떤 날에는 왕의 입장에서, 다른 날에는 시녀 입장으로 역할을 바꾸어 이야기를 해주기 때문에 많은 인기를 모은다. 지역에 숨겨져 있는 이야기를 새롭게 발굴하는 일도 필요하다. 강원도 평창은 신사임당이 이율곡을 회임한 곳인데, 이 스토리를 이용하여 머리 좋은 아이를 가질 수 있는 명당으로 사람들에게 어필하고 있다.

일곱째, 지자체 고유의 시티투어 프로그램을 효과적으로 운영해야 한다. 현재 46개 지자체에서 시티투어 프로그램을 운영 중인데, 광역시는 물론 중소도시와 인구 5만 명이 안 되는 군도 있다. 광역시에서는 주로 2시간 정도의 투어를 순환형으로 운영하고, 규모가 작은 지자체에서는 6~7시간 정도의 패키지형 시티투어를 운영하고 있다. 벌써 우리나라의 시티투어 역사도 12년이나 되어 운영능력이 많이 개선되고 지역을 알리는 홍보효과도 올리고 있다. 하지만 선진국에서처럼 지자체 활성화에 기여하는 정도까지는 나아가지 못했다. 뉴욕시에서는 섹스 앤드 더시티Sex and the City 시티투어 프로그램을 운영하고 있는데, 탑승객이 시티투어 요금 38달러 외에 그 10배나 되는 돈을 지출하면서 뉴욕 경제에 적지 않은 힘이 되고 있다.

여덟째, 사람들이 주로 가는 유명 관광지가 아닌, 별로 알려지지 않은 곳에도 신경을 많이 써야 한다. 시간이 갈수록 패키지 관광객보다는 혼자서 혹은 소수가 그룹을 지어 자유롭게 돌아다니는 개별여행객이 늘고 있다. 이들 중 대부분은 우리나라를 방문한 경험이 있어서 서울에만 머물지 않고 지방의 잘 알려지지 않은 곳까지 속속들이 찾아간다. 그런 데서 만족감을 느끼면 입소문이나 블로그, 메신저를 통해 주위 사람들에게 알리는 경우가 많다. 때로는 외국의 유명 여행지에 실리기도 한다. 구석구석까지 관심의 끈을 놓지 말아야 한다.

아홉째, 영향력 있는 외국인의 방문을 유도할 필요가 있다. 이는 외국인에게 관광지를 알리는 가장 좋은 방법이다. 지금은 모르는 사람이 없을 정도인 진도의 신비의 바닷길은 예전에 주한 프랑스 대사가 이곳에 다녀간 후 외국 신문에 보도되면서 지금의 명소가 되었다. 2010년 들어 한국관광공사에서 구성한 한국관광 서포터스가 순천을 찾은 적이 있다. 생태수도를 자처하는 순천에 주한 외국대사 20명과 그 가족을 포함하여 100여 명의 서포터스가 갔는데, 미디어 노출과 대사들의 입소문 등 홍보효과가 대단했다.

마지막으로 열 번째는 우리나라의 지리학적 위치를 적극 활용하는 것이다. 우리나라는 동아시아 지중해의 한가운데에 있다. 흔히 지중해 하면 유럽과 아프리카 사이의 바다만을 떠올리는데, 사실 이 지구에 지중해는 많다. 오호츠크해, 카스피해, 발트해, 페르시아만, 멕시코만도 육지와 섬으로 둘러싸여 있는 지중해이고 동해, 황해, 동중국해를 아우르는 동아시아 해역도 지중해라고 할 수 있다. 외국의 관광 전문가들은 우리나라의 향후 관광시장을 매우 낙관적으로 본다. 바로 이웃에 중국과 일본을 두고 있고, 동아시아가 세계 경제의 핵으로 떠오르면서 더욱 많은 관광객이 한국으로 몰려들 것이기 때문이다. 앞으로 고가 및 저가 비행기는 물론이고 동아시아 지중해를 중심으로 한 크루즈 여행도 크게 늘어날 것이 틀림없다.

우리나라 관광산업의 여건은 매우 희망적이다. 성공의 관건은 우리가 관광의 4대 요소를 얼마나 제대로 준비하고 활용하느냐에 달려 있다. 눈에 보이는 하드웨어, 창의성이 요구되는 소프트웨어, 살아 움직이는 사람의 촉촉한 서비스인 웨트웨어wetware, 관광지의 매력적인 콘텐츠를 어떻게 하느냐에 따라 기회를 살릴 수도 있고 놓칠 수도 있다.

앞에서 말한 것처럼, 양에서 질로, 질에서 상으로, 상에서 격으로 진화하는 트렌드의 법칙은 관광에서도 그대로 적용된다. 우리나라도 이미 경제적으로 선진국들과 어깨를 나란히 하는 수준이 된 만큼, 관광도 그에 맞게 품격을 높여야 한다. 품격 있는 관광이 품격 있는 국가를 만든다.

김민주 서울대와 시카고대에서 경제학을 전공했으며 한국은행, SK그룹과 SK에너지에서 근무했다. 유달리커뮤니케이션즈 대표이사, 건국대 경영대학원 겸임교수를 거쳐, 참사랑문화관광포럼 회장을 겸임하고 있다. 현재 비즈니스전략 컨설팅사인 ㈜리드앤리더컨설팅 대표이자 사례분석 사이트인 이마스(emars.co.kr)의 대표운영자로, 대기업과 정부기관, 공기업, 지자체를 대상으로 마케팅 전략 컨설팅을 제공하고 있다.
저서로 『시티노믹스』 『2010 트렌드 키워드』 『로하스경제학』 『하인리히 법칙』 『커져라 상상력 강해져라 마케팅』 『세상을 소비하는 인간, 호모 콘수무스』 『커피경제학』 등이, 역서로 『깨진 유리창 법칙』 『노벨경제학 강의』 『지식경제학 미스터리』 『B2B 브랜드 마케팅』 등이 있다.
mjkim8966@hanmail.net

여행 매너 꼴찌는 한국?

구완회 리더스하우스 주간

퀴즈 하나. 전 세계의 배낭여행자들 중 어느 나라 사람들이 매너 없기로 1등일까? 세상에, 이런 자료도 있냐고? 물론, 없다. 그냥 오랜 여행자의 경험으로 여러 나라 여행자들이나 현지 사람들과의 이야기를 통해 추론한 결과다. 장기 여행자들이 잘하는 놀이인 '내 맘대로 세계 최고 뽑기' 중 하나라고 보면 된다. 그렇다고 이 결과가 아주 엉터리는 아니다. 나름대로 근거도 있고, 경험으로도 뒷받침되는 사실이다.

조금 어렵다고? 그럼 힌트 들어간다. 우선, 이 나라 사람들은 여행할 때 몰려다닌다. 그러다 보니 시끄럽다. 현지인이나 다른 여행자들에게 피해를 준다. 혹시 어글리 코리안? 아쉽게도(?) 아니다. 우리나라

여행자들도 몰려다니며 시끄럽긴 하지만, 소음 발생도로는 현재 전 세계 여행시장의 특급 새내기(?)인 중국 여행자들에 한참 못 미친다. 그렇다면 중국? 루브르나 대영박물관이 '이얼싼중국어로 1, 2, 3' 소리로 시끄럽다는 불평을 듣기는 하지만, 이들도 아직 '매너 꽝 1등'에 등극할 정도는 아니다.

힌트 하나 더. 결정적으로 이 나라 젊은 여행자들은 몰려다니면서 소위 '약'이라는 것을 한다. 인도에서 만난 한 여행자전문 게스트하우스 주인장은 자기 숙소에서 묵은 이 나라 여행자들 가운데 약 98%가 마약을 했다고 말했다. 아, 98%라는 숫자에 너무 신경 쓰진 마시길. 이 주인장이 조금 과장해서 말한 것일지도 모르니까. 어쨌거나 이 나라 여행자들이 숙소에서 약을 하는 경우는 적지 않은 것 같다.

그들은 왜 약을 하는 것일까? 혹자는 이 나라 젊은 여행자들이 대부분 제대 직후에 여행을 나오기 때문에 극심한 스트레스를 약으로 푸는 경향이 있다고 말한다. 물론 본국에선 불법이다. 이들의 군생활은 거의 전시에 준하는 상황에서 이루어진다. 실탄을 장전한 따발총은 기본이고, 가끔은 옆에서 폭탄이 터지기도 한다. 그래서인지 전쟁터(?)에서 나온 이들은 게스트하우스나 식당 종업원 같은 현지 사람들을 자주 귀찮게, 때로는 못살게 군다. 다른 나라에서 온 여행자들도 불편하게 만든다. 전시와 평시를 구분하지 못해서 그런 건 아닐까? 당해본 사람들은 피하게 마련이다. 이 나라 사람들이 한번 묵기 시작한 숙소나 이용하기 시작한 레스토랑은 점점 다른 나라 여행자들의 발길이 끊어져 자연스레 이 나라 여행자들의 전용 숙소나 식당이 되어버린다.

매너 꽝인 그들과 한국인들의 공통점과 차이점

자, 이쯤 되면 어느 나라인지 짐작이 간다고? 맞다, 이스라엘. 혹 '당신 반유대주의자 아냐?' 하는 의심은 버려주시길. 필자는 초등학교 다닐 때 수업시간에 배운 '불굴의 의지를 가진 이스라엘 민족'이라는 이미지를 지금까지도 간직하고 있는 사람이다. '중동전쟁이 일어났을 때 이스라엘 유학생들은 조국에 돌아가려고 짐을 싸고, 중동 유학생들은 더 안전한 곳으로 도망가기 위해 짐을 쌌다'는, 그 시절 선생님 이야기를 생생히 기억하고 있다.

필자가 이스라엘 사람들을 처음 만난 것은 30대에 떠난 여행에서였다. 더구나 그때 만난 대부분의 이스라엘 여행자들은 착하고 유쾌했다. 이스라엘 젊은이들의 군대 스트레스와 약의 관계에 대한 이야기는 태국에서 만난 멋진 이스라엘 아저씨한테서 들은 것이었다.

어쨌거나 대한민국이 아니어서 다행이라고? 하지만 안도의 숨을 내쉬기에는 아직 이르다. 아무리 좋게 봐줘도 '약을 한다'는 점만 빼고는 우리나라 여행자들이 이스라엘 여행자들과 다른 점보다 비슷한 점이 훨씬 더 많기 때문이다.

두 나라 여행자들은 모두 떼로 몰려다닌다는 공통점이 있다. 사실 전 세계 자유여행자들 중에서 같은 국적의 사람끼리 몰려다니는 경우는 별로 없다. 한국과 중국, 일본, 그리고 이스라엘 정도에 불과하다. 중국에서 만난 한 스위스 친구는 한국 사람들이 떼로 몰려다니는 모습을 보고 신기해했다. 그래서 "넌, 왜 안 그러는데?" 하고 물으니 "스위스 사람들이라면 어릴 때부터 지겹도록(?) 봐 왔거든" 하는 대답이 돌아왔다. 같은 나라 사람끼리 몰려다니는 것 자체가 나쁘다고 할 수는 없다. 머나먼 타향 낯선 곳에서 배달민족을 보니 어찌 반갑지 않을쏜가? 문제는 몰려다니면 아무래도 시끄러워지고, 현지의 '로마법'이 아니라 '한국법'을 주장하는 경우가 많아진다는 점이다. 이스라엘 여행자들도 예외가 아니다. 아, 물론 이스라엘 사람들은 이스라엘법을 주장하겠지만 말이다.

떼로 몰려다니는 일본 여행객들, 어떻게 매너는 1등일까?

그런데 얄궂게도 똑같이 떼로 몰려다니면서도 '매너 1등'을 자랑하는 사람들이 있다. 일본인 여행자들이다. 그런 일본인들을 보노라면 부럽다 못해 얄밉다는 생각까지 들기도 한다. 어떻게 저럴 수 있을까? 일본인들에게는 '다테마에建前'라는 것이 있다. 우리말로 '겉마음' 또는 '형식적인 예의' 쯤으로 번역되는 이 말은 감정을 드러내지 않고 매너와 질서를 존중하는 일본인들의 태도를 잘 설명해준다. 가랑잎이 뒷목을 스쳐도 '스미마셍'을 세 번쯤 외칠 것 같은 일본인들은 그 '혼네本音·본심'야 어떻든 간에 표면적으로는 현지 문화를 존중, 배려하는 듯 보인다. 그러니 현지인들이 좋아하는 것은 당연한 일인지도 모른다.

현지인들이 일본인 여행자들을 좋아하는 것은 그들의 씀씀이도 한몫한다. 그렇다고 일본인은 펑펑, 우리는 찔끔 쓴다는 말은 아니다. 진정한 차이는 다른 데 있다. 돈을 쓰는 방식 말이다. 일본인들과 달리 상당수의 우리나라 여행자들은 여행비 지출을 일종의 달리기 경주처럼 생각하는 경향이 있다. 누가 얼마나 더 싸게 샀느냐에 따라 승패가 갈리는 경기 말이다. 그러다 보니 현지인 가격보다 더 싸게 산 것을 가지고 무슨 무용담처럼 자랑하는 여행자들 탓에 한국인 여행자를 꺼리는 현지 상인들을 심심찮게 만날 수 있다.

많은 해외 여행지에서 바가지 상혼이 판을 치는 것도 사실이고, 더 많은 여행지에서 '현지인 물가'와 '여행자 물가'가 공존하는 것 또한 사실이다. 하지만 우리보다 소득수준이 낮은 나라의 물건을 그 나라 사람들과 같은 가격에 산다는 것이 과연 공정한 거래일까? 여행자 물가에 과민한 반응을 보이면서 현지인들의 눈살을 찌푸리게 만드는 행태를 이제는 한번쯤 돌아보아야 하지 않을까?

일부 여행자들의 빗나간 습성을 가지고 국격 운운한다는 자체가 무리일지도 모른다. 그건 어디까지나 그들에 한정된 지엽적 문제일 수도 있으니까. 그렇지만 우리와 또 다른 각국 여행자들의 면면을 보면 생각이 달라진다. 대표적인 것이 미국인 여행자들이다. 그들은 때로 몰려다니지도 않고 자랑을 늘어놓지도 않는다. 그런데도 욕을 먹는다. 세계 유일의 초강대국 출신답게(?) 현지 사정 따위는 아랑곳하지 않는 그들의 '컴플레인complain' 때문이다. 오죽했으면 호주에서 함께 투어를 했던 서양 여자애들이 그 자리에 없던 한 친구 흉을 보면서 "난 걔가 미국앤 줄 알았어. 말끝마다 불만투성이라서"라고 말했을까. 이렇게 보면 여행지에서도 국격을 말할 수 있다는 생각이 든다.

필자는 '여행의 국격'이 '정치·경제의 국격'과 반드시 비례하지 않는다는 사실을 곳곳에서 확인한다. 국제뉴스에서 보여지는 모습보다 실제 여행지에서 부딪히는 사소한 행동들이 쌓여 느껴지는 총체적인 인상이 그 나라의 국격을 더 정확히 말해준다는 것을 실감한 적이 한두 번이 아니다. 물론 그것은 상대를 어떻게, 얼마나 배려하는가에 따라 달라진다. 여행은 한 사람의 인격을 여실히 드러내는 공간일 뿐만 아니라 한 나라의 국격 또한 확실히 엿보게 해주는 현장이기도 하다.

구완회 서울대 국사학과를 졸업한 후 여성중앙 등에서 취재기자로 일했다. 결혼과 동시에 직장을 그만두고 20개월의 세계일주 신혼여행을 떠나기도 했다. 다시 현업으로 돌아와 랜덤하우스 여행출판 팀장, 조선매거진 미디어사업팀장을 거쳐 지금은 리더스하우스 주간을 맡고 있다. 저서로 『크레이지 허니문 604』가 있다.

사람이 아니라 생명이 기준이다

이미경 환경재단 사무총장

어떤 민속학자가 인디언 추장을 찾아갔다. 그들의 민속을 연구하기 위해서였다. 추장에게 노래를 청했다. 노래를 다 들은 학자는 그 노래가 무엇에 관한 내용인지 물었다. 추장은 강에 관한 노래라고 대답했다. 그리고 추장은 또 노래를 불렀다. 이번에는 다른 노래였다. 무엇에 관한 노래냐는 물음에 개울에 관한 노래라고 했다. 추장의 노래는 계속 이어졌고, 노래가 끝날 때마다 학자는 그 내용을 물었다. 강, 바다, 개울, 계곡, 샘물, 비… 모두 물에 관한 노래였다.

학자가 다시, 왜 물에 관한 노래뿐이냐고 물었다. 추장은 자기 마을에 가장 부족한 것이 물이기 때문이라고 말했다. 그러면서 한마디 덧붙였다. 문명사회의 노래는 전부 남녀의 사랑에 관한 노래뿐이던데,

사람들에게 사랑이 부족한 것 아니냐고.

실제로 현대 사회의 노래는 거의 모두가 사랑에 관한 노래라고 해도 과언이 아니다. 과연 추장의 말대로 부족한 사랑에 대한 기갈을 드러내는 반증이 아닐까?

최근 출판계에도 이와 유사한 현상이 나타났다. 잘 알려진 대로 우리나라 출판사는 강남 룸살롱 한 곳의 매출만도 못한 곳이 태반일 정도로 열악한 형편이다. 그런데 가끔씩 깜짝 놀랄 만한 사건이 일어난다. 이번 사건의 주인공은 『정의란 무엇인가』라는 책이다. 제목만 봐도 짐작하겠지만 1000부 정도 팔리면 성공이다 싶을 이 책이 무려 40만부 이상 팔려나가는 기염을 토했다. 마이클 샌델이라는 저자의 탁월한 능력 때문일 수도 있겠지만, 그것만으로는 좀처럼 설명하기 힘든 기이한 현상이었다. 정의와 공동선이라는 무거운 주제를 다룬 책에 사람들이 이토록 지대한 관심을 보인 것을 두고 일종의 사회적 현상으로 받아들여야 한다는 이야기까지 나왔다. 특히나 평소에 책을 별로 가까이하지 않는 40대 중년층의 뜨거운 관심은 특기할 만했다. 하필 이명박 정부가 '공정 사회'를 기치로 내건 마당에 대한민국 아저씨들의 목마름은 과연 무엇을 의미하는 것일까?

정의와 함께 자주 거론되는 말 중의 하나가 '국격'이다. 국격이라는 용어가 언제부터 쓰였는지 알아보려고 잠시 뉴스검색을 해보았다. 오래전부터 사용되었을 텐데, 포털의 특성 탓인지 2002년부터 띄엄띄

엄 기사에 언급되고 있었다. 그러던 것이 이명박 대통령이 후보 시절에 일종의 공약처럼 언급하면서 본격적으로 사용되기 시작했다. 우리나라가 G20 정상회의 의장국으로 결정된 후부터는 너도나도 대한민국의 국격이니 국가 브랜드니 하면서 더욱 눈에 띄게 출현 빈도가 늘어났다. 그렇다면 우리의 실제 모습은 어떤가?

품격은 어떻게 결정되는가

필자는 직업상 많은 사람을 만난다. 그 많은 사람들 중에는 누가 믿어달라고 굳이 말하지 않아도 저절로 믿음이 가는 사람이 있고, 반대로 온갖 미사여구를 늘어놓지만 어쩐지 석연치 않은 사람도 있다. 경험적으로 보면 만나는 기간의 길고 짧음에 상관없이 상대에 대한 신뢰의 수준은 총체적으로 순식간에 결정되는 것 같다. 스티븐 코비는 『성공하는 사람들의 7가지 습관』에서 신뢰할 만한 사람인가 아닌가 하는 것은 성품과 역량의 균형으로부터 우러나오는 것이라서 요구할 수 있는 것이 아니라고 정의한 바 있다. 신뢰란 누구한테 달라고 해서 생기는 것이 아니라 스스로 쌓아가는 노력을 통해 생성된다는 말이다. 약속을 잘 지키고, 혼자서 이익을 독차지하려 하지 않고, 어려운 사람을 배려하는 등 공공의 이익을 생각할 줄 알고, 다른 사람과 공존하겠다는 의지가 드러날 때 절로 믿음이 가는 것이다.

국격도 마찬가지다. 누가 올려달라고 해서 올라가는 것이 아니다.

한 국가가 나아가는 방향과 취하는 정책이 모이고 모여 그 나라의 품격이 세워진다. 얼마 전 두 국가가 보여준 일련의 모습은 그런 차원에서 극명한 대조를 이루었다. 칠레는 지하탄광에 매몰된 33인의 광부들을 끝까지 포기하지 않고 69일 만에 극적으로 구조함으로써 세계인의 칭송을 받았다. 반면에 중국은 끊이지 않는 탄광사고에도 제대로 된 대책을 내놓지 못하면서 수많은 인명을 희생시켰다는 비난과 원성을 들어야 했다. 자고로 자국민의 생명을 얼마나 귀하게 여기느냐에 따라 선진국과 후진국이 갈리는 법이다. 그렇다면 우리나라는 선진국일까, 후진국일까?

스스로를 낮추고 나눌 줄 알아야

2007년 대선에서 이명박 후보는 500만 표 이상의 차이로 경쟁자를 따돌리고 정권을 잡았다. 그 이후에 실로 많은 일들이 있었다. 입각 대상 인사들이 병역면제, 탈법 소득, 위장전입, 다운계약서 등의 결격 사유로 낙마했고, 분노한 시민들은 '고소영·강부자 내각'이라 조롱하며 실망감을 드러냈다. 그다음은 '촛불정국'이었다. 국민의 건강을 무시하고 광우병에 걸린 소를 수입한다고 하여 어린 학생들을 시작으로 시민들이 손에손에 촛불을 들고 거리를 메웠다. '용산의 비극'도 있었다. 생존권을 요구하는 서민들의 시위 현장에서 마치 전쟁을 방불케 하는 진압작전이 전개되어 많은 사람이 목숨을 잃었다. 문제는 여기서 그치지 않았다. '세종시 문제'로 국론이 둘로 갈라져 엄청난 정신적 · 물질적 피해를 감수해야 했다. 그리고 '4대강 사업'.

원래 4대강 사업은 이명박 정권의 대선공약인 '대운하 구상'에서 출발했다. 그런데 그것이 야당과 국민의 반대로 좌절의 늪에 빠지자 다시 '4대강 살리기'라는 명목으로 공사가 강행되면서 오늘에 이르렀다. 반대의 목소리는 거셌다. 환경운동가는 말할 것도 없고, 국민의 70%가 4대강 살리기가 아니라 '4대강 죽이기'라며 반대의 기치를 높였다. 불교를 비롯한 종교계도 이에 동참했다. 보수적인 가톨릭주교회의에서조차 불가 입장을 밝혔고, 성직자들이 거리에서 시위를 벌일 정도였다. 22조라는 어마어마한 혈세를 쓰면서 전문가들이나 국민의 동의를 구하는 합리적 절차도 없이, 법으로 규정한 환경영향평가도 제대로 거치지 않은 채 밀어붙이는 사업에 대한 저항이었다.

건국 이래 최대의 환경 수술이 감행되는 가운데 대다수의 언론은 침묵으로 일관하고, 정권은 여전히 '완공되면 다 좋아한다'는 오만한 자세를 바꿀 기미를 보이지 않는다. 너희들은 하나만 알고 둘은 모르니 믿고 따라오라는 식이다. '불통 정부'의 전형적인 모습이다.

얼마 전 모 장관의 강연을 듣게 되었다. 정부가 새롭게 제시한 화두인 '공정 사회'의 중요성과 필요성을 역설하는 내용이었다. 필자에게는 그것이 국격의 연장선으로 비쳐졌다. 강연이 끝나고 질문 시간에 한 사람이 일어나 모 매체의 경제부에서 일한다고 신분을 밝히면서 이런 말을 했다.

"지금 정부가 공정 사회를 가지고 기업도 압박하고 국민들에게 강조하는 걸 보면 영어로 'weird기괴한하다'는 생각이 든다. 시중에서는 사람들이 밥 먹고 살기 위해 공정에 공정을 기하고 있다. 그렇지 않으면 살아남지 못한다. 우리는 알아서 잘하고 있는데, 정부가 나서서 '공정, 공정' 하는 게 너무 이상하다. 정부만 잘하면 된다."

인상적인 코멘트에 청중이 공감의 박수를 보냈다.

사람이 따르지 않는 리더는 리더라 할 수 없다. 일국의 대통령은 더하다. 국민들의 지지와 응원이 대통령의 전부라 해도 과언이 아니다. 거기서 권한도 나오고 추진력도 생긴다. 또 안에서 공감을 얻어야 밖에 나가서도 존경을 받을 수 있다. 그러기 위해서는 리더든 대통령이든 자신을 최대한 낮추고 가진 것을 나눌 줄 알아야 한다. 빌 게이츠와 워런 버핏이 세인의 존경을 한몸에 받는 이유는 단순히 돈이 많아서가 아니다. 남보다 더 많이 가졌다는 이유로 스스로 기꺼이 더 많이 나누었기 때문에 저절로 신뢰와 존경을 받는 것이다. 바로 이와 같은 실천 행위 속에서 리더의 인격도 키워지고 나라의 품격도 올라간다.

국격에 대한 성찰, 질문 속에 답이 있다

2010년 8월 행복학의 거장 에드 디너 미국 일리노이대학 교수가 우리나라를 찾았다. 그는 자신이 연구한 결과를 발표하면서 지나치게 물질지향적인 한국의 국민성을 꼬집었다. 충격적인 사실은 우리나라 사람들이 세계의 최빈국으로 알려진 짐바브웨 사람들보다도 2배 이상 돈에 집착하는 경향을 보였다는 것이다. 이 때문에 행복도가 다른 나라에 비해 심히 낮은 상태라고 했다.

우리나라는 압축성장을 해오면서 돈으로 즉각 환산되지 않는 가치들은 무시하거나 외면하는 문화도 함께 키워왔다. 수출과 성장, 개발이라는 미명 아래 정작 중요한 가치들은 거들떠보지도 않았다. 모든 대상과 관계를 철저히 이익이라는 프레임으로만 해석하고 재단했다. 그 결과, 경제는 성장하고 어느 정도 잘사는 나라도 되었지만 환경 문제를 비롯한 각종 문제들이 터져나왔다. 상상하기 어려운 희생과 비용을 요구하면서.

100년 된 나무를 자르는 데는 채 5분도 걸리지 않지만 다시 키우려면 100년의 시간이 필요하다. 환경은 한 번 무너지면 거의 소생이 불가능해진다. 설사 소생하더라도 아주 많은 시간과 노력을 요구한다. 환경문제를 쓰레기 분리수거 차원으로 접근해서는 안 되는 이유다. 좀 더 근본적인 접근이 절실하다. 환경문제는 나를 포함해서 다른 사람, 다른 생명에 대한 존중의 문제이자 인간과 자연을 위해 불가결한 문제이기 때문이다. 법정 스님이 『한 사람은 모두를, 모두는 한 사람을』이라는 법어집에서 사람이 기준이 아니라 생명이 기준임을 일관되게 설파하신 것도 같은 맥락이다. 스님은 오늘날 벌어지고 있는 혼란의 결과는 정치가의 잘못도 제도의 잘못도 아니며, 한 사람 한 사람의 수행 결과일 뿐이라고 정리하셨다.

현대인은 바쁘다. 이른바 시간 빈곤의 시대를 살아가고 있다. 특히 우리나라 사람들은 더욱 분주하다. 바쁜 사람에게는 꽃이나 나무, 날아다니는 새들이 하찮아 보인다. 당장의 생존과 성공에 급급하기 때문이다. 하지만 꽃과 나무도 중요하다. 그것은 자연이요, 환경이다. 돈으로 환산할 수 없는 생명의 근원이다. 이 같은 환경의 가치를 깨닫기 위해서는 돌아봄의 여유가 필요하다. 온갖 풍상을 겪고 이제는 돌아와 거울 앞에 앉은 누님처럼, 우리도 스스로 지나온 길을 되돌아볼 시간을 가져야 한다. 바쁜 일정 속에서 성찰의 시간을 갖는 것이야말로 작금의 혼란을 푸는 첫걸음이다.

성찰은 질문에서 시작된다. 우리의 국격이 어느 정도이고, 그 이유는 무엇이며, 풀어야 할 숙제는 무엇인지 질문부터 던져야 한다. 그 속에서 국격의 길을 찾을 수 있을 것이다. 4대강 문제를 비롯한 국정 과제들에 대한 해법 또한 질문에 있다. 질문 속에 답이 있다. 이 땅의 사람들, 특히 부와 권력의 중심에 있는 사람들이 스스로 질문의 시간을 많이 가져보기를 기대한다.

이미경 1964년 서울 출생. 연세대 국문과를 졸업한 후 동 대학 심리학과에서 석사학위를 받고 박사과정을 수료했다. 삼성사회봉사단 연구원을 시작으로 한국리더십센터 기획홍보팀장, MBC 시청자 심의위원 등으로 일했다. 환경재단 사무국장, 기획조정실장을 거쳐 지금은 사무총장을 맡고 있다.

도로는 국격의 표지판

정관목 교통안전공단 교수

2008년 우리나라에서 교통사고로 숨진 사람이 5870명이다. 매달 500명 가까운 아까운 생명이 도로 위에서 스러졌다는 얘기다.

교통사고로 인한 사회적 비용 역시 막대하다. 사고 처리 및 보상, 행정비용 등을 감안한 교통사고 관련 비용이 무려 10조 8135억 원에 달한다. 국내총생산GDP의 1.1%, 국가 예산의 6.2% 규모다. 68만여 가구4인가족 기준의 1년치 최저생계비와 맞먹는 액수이기도 하다. 여기에다 사고로 초래되는 각종 혼잡비용과 환경훼손비용까지 감안하면 한 해 30조 원 이상이 낭비되는 것으로 전문가들은 추산하고 있다.

최근 발표된 교통안전수준 자료를 보아도 우리나라가 얼마나 위험한 교통환경에 처해 있는지를 실감할 수 있다. OECD 국가들의 자동차 교통사고를 비교한 것인데2008년 기준, 국가 간 교통안전수준은 자동차 1만 대당 사망자 수를 비교하여 가늠한다. 아이슬란드가 0.60명으로 1위, 일본은 0.80명으로 4위, 프랑스는 1.22명으로 11위, 한국은 3.17명으로 29개 국가 중 26위로 나타났다.

한국의 교통안전수준을 경제력 등 다른 부문과 비교하면 어느 정도나 될까? 경제력 규모는 세계 13위, 자동차 생산은 세계 5위 수준이다. 반도체 등 최첨단 IT산업은 선도적 위치를 점하고 있다. 상대적으로 교통안전수준이 매우 낮다는 것을 알 수 있다. 혹자는 교통안전수준이 후진국 수준이라고 폄하하기까지 한다. 그만큼 개선해야 할 점이 많다는 뜻이다. 교통안전수준 향상은 국민 생활의 편익 측면에서 보다 많은 관심과 개선이 요구되는 분야로, 명실상부한 선진국 진입에 필요한 국격 제고를 위해서도 반드시 되짚어보아야 할 사안이다.

꼬리를 물지 마라

교통안전수준을 끌어올리려면 어떤 점들이 개선되어야 할까? 2010년 초 우리 정부에서는 G20 정상회의를 앞두고 국격을 높이기 위한 방안으로 '국민실천 4대 운동'을 제시했다. 끼어들기·꼬리물기·갓길운행·음주운전 안하기, 공공장소에서 휴대전화 사용 시 작은 목소리로 하기, 깨끗한 거리와 간판 만들기, 사이버 예절 지키기다. 모두가 국격의 수준을 보여주는 행위들이지만, 교통질서 지키기는 특히나 중요한 국격의 표지판이라고 할 수 있다. 사공일 G20 서울 정상회의 준비위원장은 "시민들이 스스로 교통질서만 잘 지켜도 G20 성공에 참여하는 것이다"라고 말했다.

우리가 매일 도로에서 보고 겪는 교통질서의 실태는 여전히 심각한 모습을 보이고 있다. 우선, 혼잡한 출퇴근 시간대에 흔히 볼 수 있는 모습으로 '끼어들기'가 있다. 차량 행렬이 길게 늘어선 가운데 좌회전과 직진, 우회전 차량이 한데 어우러져 서로 먼저 가려고 끼어드는 상황이 반복된다. 내 차 앞으로 다른 차가 끼어드는 것을 막기 위해 최대한 앞차에 가까이 붙이고, 끼어들고자 하는 차는 더욱더 과감히 들이미는 상황이 계속해서 일어난다.

'꼬리물기'는 교차로에서 흔히 목격할 수 있다. 교차로는 통행 목적이 다른 차량이 각자의 방향으로 원활히 갈 수 있게 도와주는 장소다. 자신의 통행 목적만이 아닌 타인의 통행 목적에도 관심을 가져야 하는 곳이다. 철저히 신호와 차선을 지켜야 하는 곳이다. 그런데도 자신이 받은 신호로는 원하는 방향으로 가기 어렵다는 것을 뻔히 알면서 계속 진행하는 경우가 많다. 그러고는 신호 변경 시점에 이르러 떡 하니 멈추어 선다. 자기만 편하겠다고 다른 차량의 운행을 방해하는 것이다. 그러면 또 방해받은 차량이 손해 본 시간을 만회하려고 똑같은 일을 벌인다. 결과적으로 교차로는 누구도 통과하기 힘든 소통불능 상태에 이르게 된다.

'갓길 통행'도 여전하다. 갓길은 본래 비상시 응급차량의 통행이나 고장 차량의 주정차 등을 위한 장소다. 차가 밀린다고 해서 이용할 수 있는 도로가 아닌 것이다. 그런데도 조금 먼저 가겠다고 양심의 가책 없이 통행하는 차량이 많다. 다른 운전자들의 눈살을 찌푸리게 하는 것은 물론 사고 위험이 크므로 주의가 요망된다.

'음주운전' 은 교통문화수준을 보여주는 대표적인 경우다. 2009년 교통사고 통계에 의하면 음주로 인한 사고가 28,207건으로 전체 교통사고의 8.3%를 차지했다. 더욱 심각한 것은 2008년 대비 1334건5%이 증가했다는 사실이다. 음주운전 취약 지역에 대한 사전 순찰제 확대 및 음주운전 처벌 강화2009. 10. 2 시행에도 불구하고 줄기는커녕 도리어 더 늘어난 것이다. 자신의 안전은 물론 타인의 생명을 위협하는 음주운전은 곧 범죄행위나 다름없다. 이 같은 행위가 줄어들지 않는 한 교통문화수준의 선진화는 요원한 숙제일 수밖에 없다.

이 밖에도 후진국형 사고 유형에 속하는 보행자사고, 과속사고, 운전이 직업인 사업용 운전자의 교통사고 등은 교통안전수준 향상을 위해 반드시 개선되어야 할 사항이다.

의식개선이 먼저다

그렇다면 교통안전수준을 향상시킬 수 있는 방안은 무엇일까? 교통문화의 선진화를 위해 우리는 무엇을 어떻게 해야 할까?

엄격한 단속과 처벌이 우선적인 대안으로 제시될 수 있다. 경찰의 음주운전 적발이나 신호·지시 위반에 대한 단속이 강화되면 안전운전 확률이 향상되기 때문이다. 처벌이 두려워 운전자가 안전운전에 더 신경을 쓰게 된다. 그러나 단속 강화는 한계가 있다. 단속이 줄면 다시 원래 상태로 돌아간다. 일시적 효과는 얻을 수 있겠지만 장기적인 개선은 기대하기 어렵다.

다음으로 제도개선을 들 수 있다. 교통안전을 저해하는 관계법령을 개정하여 교통법규 위반자에 대한 강력한 제재가 가능하도록 법령을 강화하는 것이다. 그런 면에서 도로교통법에서 형사처벌 대상이 되는 중대한 교통사고를 일으켰어도 형사합의 등을 통해 면책이 가능하도록 한 현행 법률 등을 손질할 필요가 있다. 형사처벌이 아닌 면책은 교통사고를 우연이나 운, 재수에 돌리고 자신의 잘못은 인정하지 않는 결과를 초래할 수 있다. 그래서는 안 된다. 사고는 엄연히 운전자가 교통법규를 준수하지 않았거나 주의의무를 소홀히 하는 등의 귀책사유가 있어 발생하는 것이다. 따라서 교통법규를 준수하지 않으면, 또한 그로 인해 사고를 일으키면 반드시 책임이 뒤따른다는 의식을 심어주어야 한다. 사고에 따르는 물적·심적 피해에 대한 경각심을 불러일으켜 운전자가 안전운행에 만전을 기하도록 만들어야 한다. 하지만 이 또한 자발적 참여가 전제되기 어렵다는 측면에서 한계가 있다.

결국 교통안전수준을 끌어올리는 길은 '의식개선'에 있다. 의식개선이 뒷받침되지 않은 단속과 제도 시행은 제한적 효과 외에 기대할

게 없다.

우리나라는 짧은 기간에 고도성장을 이룩했다. 경제의 인프라와 경쟁력 면에서 선진국과 대등한 수준이 되었다. 국민의 눈높이도 기대수준도 높아졌다. 그에 반해 교통안전 의식수준은 그에 미치지 못하고 있다. 자동차 이용은 일반화되었으나 의식이나 질서는 후진적 수준에 머물러 있다. 일종의 문화지체 현상이다. 이는 의식개혁을 통해 점진적으로 개선해나갈 수밖에 없다. 시간도 오래 걸리고 비용도 많이 들 것이다. 그러나 그 효과는 길고 오래갈 것이다. 부지불식간에 체화되어 자연스럽게 안전운행이 행동으로 옮겨지게 된다. 그 속에서 교통안전 문화가 꽃을 피울 수 있다. 교육을 백년지대계라 하는 이유가 여기에 있다.

선진국은 안전 선진국

가장 좋은 방법은 어렸을 때부터 체계적인 학습을 받을 수 있게 하는 것이다. 우리 속담에 "세 살 버릇 여든 간다"는 말이 있다. 이는 교통안전에서도 그대로 통용된다. 선진국의 교통 관계자들은 "모두가 합의해서 만든 사회적 약속을 어떻게 지킬 것인가를 어린이에게 가르치는 것이 교통교육의 본질"이라고 말한다. 그들은 교통질서교육을 시민의 일원이 되기 위해 가장 먼저 밟아야 할 절차로 생각한다. '교통문화가 곧 국격'이라는 것이다.

프랑스는 초·중학교에서 교통안전교육을 의무적으로 시행한다. 어려서부터 교통안전의 중요성을 인식하고 안전 관련 사항을 체험, 성인이 되어서도 자연스럽게 실천하도록 교육한다. 영국은 정부와 지자체, 경찰 등 유관기관 간 협력을 통한 교통사고 예방에 힘쓰고 있다. 정부의 노력만으로는 부족하고 상호 협력을 통한 노력이 절대적으로 필요하다고 생각하기 때문이다. 일본은 교통안전수준 향상을 위해 법률을 우선적으로 정비했다. 교통사고 급증과 낮은 시민의식을 개선하기 위해 교통안전시설 정비사업에 관한 긴급조치법을 제정하는 등 교통안전에 관한 법률의 제정을 통해 교통안전대책을 지속적으로 추진했다.

선진국은 곧 교통안전 선진국이기도 하다. 그들은 오랜 시간을 들여 교통안전대책을 수립하고 지속적으로 추진함으로써 교통선진국이 되었다. 그런 다음에도 관심의 끈을 놓지 않는다. 자국민의 소중한 생명과 직결되기 때문이다.

교통안전문화는 결코 일시에 달라지지 않는다. 캠페인성 사업으로 효과를 볼 수 있는 것이 아니라는 말이다. 장기적인 관점에서 꾸준하게 개선할 때 비로소 효과가 나타난다. 사회 구성원 모두가 성숙한 시민으로 교통안전에 동참할 수 있도록 지속적인 계몽과 교육을 실시해야 한다.

운전습관이 개인의 인격을 반영하듯, 교통안전수준은 국가의 품격을 방증한다. 개인의 운전습관이 개선되면 교통안전수준이 향상되고,

그와 더불어 국격도 진일보하는 것이다. 내가 먼저 양보하기, 과속하지 않기, 음주운전 안하기 등 작고 쉬운 일부터 실천하는 자세가 절실한 시점이다.

정관목 서울시립대 경영학과를 졸업하고 동 대학원에서 석사과정을 마쳤다. 교통안전공단에 근무하면서 우리나라의 대중교통을 진단, 개선하는 일은 물론 대중의 교통질서 의식을 제고하는 활동에 전념해왔다. 현재 교통안전공단 안전기획처 교수로 재직 중이다.
주요 연구실적으로 「대중교통시책평가 종합보고서」「2006 건교부소관 대중교통운영자 경영 및 서비스평가 보고서」「택시업종 교통안전관리 표준화 연구」「사업용운전자 안전운전체험센터 건립방안 연구」 등이 있다.

불편한 도교엔 '격'이 있다

선우정 조선일보 도쿄특파원

일본에서 자동차로 길을 달리다 보면 길가에서 '서행'이란 알림판을 들고 있는 사람을 종종 만난다. 조금 더 가면 붉은 빛이 반짝이는 지시봉을 든 사람이 나타난다. 그 뒤로 공사 현장이 이어지다 끝나면 다시 지시봉을 든 사람, 알림판을 든 사람을 보게 된다. 아무리 작은 도로 공사라도 대개는 같은 제복을 입은 네 사람 정도가 공사장 주변에서 차량이나 행인을 안내한다. 인도를 공사하면 반드시 사람이 갈 수 있는 길을 별도 칸막이로 확보하여 행인을 유도한다.

'인건비가 얼마야? 저러니 세금을 많이 쓰지. 안전도 좋지만 공사와 직접 상관이 없는 인력을 네 명이나 고용하면 그 비용은 결국 세금을 내는 국민이나 물건과 서비스를 사는 소비자에게 전가되는 것 아

닌가. 그러니 재정적자가 나고 나라가 빚더미에 오르고, 물가는 비싼 나라가 되었지.'

일본을 부정적으로 보는 사람들의 일반적인 사고법이다. 필자 역시 그렇게 생각했다.

『국가의 품격』이라는 책이 일본에서 발행된 것은 2005년이다. 2006년 베스트셀러가 되었고, 덩달아 '품격' 이란 말이 그 해 일본 문화산업의 최대 유행어로 떠올랐다. 한국에서 '국격' 이란 말이 널리 쓰인 것도 아마 이 책이 한국에 소개된 이후가 아닐까 한다. 다만 일본에서는 일반적으로 국격이라는 축약형은 사용하지 않는다.

이 책은 아주 '일본적인' 내용을 담고 있다. 서양식 효율주의를 비판하고 일본의 전통으로 돌아가자는 주장인데, '일본의 전통=품격' 이라는 오만한 등식으로 일관되게 세상을 재단한다. 일본의 전통에 품격이 있는지 없는지는 이방인의 눈으로 보기에 솔직히 잘 모르겠다. '와비사비' 라는 일본의 미의식이 구현된 다도나 정원, 시가지를 보면 품격을 추구한 듯도 하지만, 여름철 마쓰리일본의 축제 때 등장하는 군중들의 오도리춤를 보면 품격과는 거리가 먼 본능의 세계가 느껴진다.

물론 품격은 단순히 보이는 것만으로 판단할 수 없다. 돈으로 포장할 수 있는 성질의 것도 아니다. 귀족과 서민, 부자 나라와 가난한 나라의 문화 차이를 대변하는 것도 아니다. 품격은 그 이상이다. 만약 경제력의 유무로 품격을 이해한다면 국격은 국민소득이 올라감에 따라 저절로 성취될 터이니 국격이 있다, 없다 논쟁하거나 고민할 필요도 없다. 그저 돈부터 벌면 되니까.

공사장에도 품격이 있다?

첫아이 출산 때문에 2년 전 여름휴가를 서울에서 보냈다. 그때 집 앞의 인도가 공사 중이었다. '공사 중' 이라는 노란 칸막이를 사방에 쳐놓고 러닝셔츠만 입거나 윗옷을 벗은 사람들이 오로지 공사만 하고 있었다. 행인들은 알아서 공사장을 우회해 자동차가 다니는 도로를 걸어갔다.

사실 지시봉을 든 안내원이 없다고 누가 일부러 공사장으로 뛰어들겠는가. 누가 일부러 달리는 자동차를 향해 돌진하겠는가. 날도 더운데 무슨 작업복인가. 시원하게 웃통 벗고, 최소 비용으로 최단 시간 내에 공사를 끝내는 것이 모두에게 좋은 것 아닌가.

예전이라면 그렇게 생각했을 것이다. 하지만 일본에서 몇 년 지내서 그런지 생각이 변했다.

'시각장애인이나 어린이가 뛰어들면 대체 누가 책임을 지나? 공사장에도 품격이 있지, 어떻게 알몸으로 일하나?'

공사장에 품격이 있는가, 없는가? 길바닥에 품격이 있는가, 없는가? 지하철과 버스에 품격이 있는가, 없는가? 신문과 방송에 품격이 있는가, 없는가? 기업과 국회, 청와대에 품격이 있는가, 없는가? 이 같은 구체적 질문이 모이고 모인 총체적 질문, 추상적 질문이 결국은 '국격이 있는가, 없는가?' 아닐까 한다. 일본에서 보고 겪은 것을 토대로 이에 대한 나름의 구체적 답안을 낸다면 이렇다.

도쿄 지하철은 서울 지하철보다 좁다. 시설도 나을 것이 없다. 하지만 물건을 파는 잡상인을 만난 적이 없다. 저 멀리서 후다닥 달려와 빈자리로 파고드는 아줌마도 없다. 휴대전화를 붙들고 떠드는 젊은이를 본 적은 지난 5년 동안 한두 번에 불과하다. 불법 CD를 파는 잡상인을 본 일도 없다.

일본에서 곤혹스러운 일 중 하나가 편지다. 공사公私를 막론하고 누군가와 관계를 맺으면 상대의 편지를 종종 받는다. 전화로 하거나 이메일로 하면 될 연락을 구태여 친필 편지로 하는 경우가 있다. '참, 대단하네' 하고 생각하지만, 솔직히 부담스럽다. 답장을 해야 하기 때문이다. 일본의 편지글은 일상용어와 달라 외국인이 편지 한 장을 쓰려면 편지 매뉴얼을 펼쳐 놓고 몇 시간 동안 씨름해야 한다. 하지만 이런 수고를 거쳐 일본말로 '분쓰文通'를 트면 아주 깊이 있는 인간관계가 형성된다. 품격 있는 인간관계다. 반대로 말해 이런 수고를 회피하면 일본에서 품격 있는 인간관계를 맺기 어렵다.

일본에서 본 한국의 현실

일본의 한 유력 정치인은 한국 문화를 좋아하지만 한국

정치인은 싫어한다고 했다. 사나흘 전에 만나달라는 연락이 와서 겨우 시간을 쪼개어 만나면 대화에 아무런 내용도 없고, 내용도 없는 만남에 양해도 없이 기자들을 데려와 악수하는 사진 한 장 찍고 돌아간다는 것이다. 두세 달 전쯤 일정을 조율하고, 일본 정치나 동북아관계에 대한 자료를 연구해 대화를 하면 차원 높은 만남이 될 텐데, 좀처럼 그런 수고를 하지 않는다는 게 그의 불만이다.

일본에서 보면, 한국의 현실은 아주 명확하다. 품격 없이는 발전할 수 없는, 품격 없이는 더 이상 돈도 못 버는 단계로 들어섰다는 것이다. 예를 들어 이제 한국은 집이 모자라는 나라가 아니다. 무조건 집을 더 지어 경제를 키우는 시대는 끝났다. 좋은 집을 지어 경제를 키우는 시대다. 좋은 집을 지으려면 작업장의 안전을 확보해야 하고 인력을 더 고용해 주변을 정리해야 한다. 지식산업 역시 남의 것을 들여다 찍어내면 시장이 커지는 시대는 지났다. 지적재산권을 보장하지 않으면 고급 지식이 들어오지 않고, 고급 지식을 내부에서 만들지 않으면 시장이 커질 수 없다. 행정수도 논란에서 보듯 번갯불에 콩 튀겨 먹듯 일을 처리해서는 아무것도 받아들여질 수 없는 세상이 되었다. 사회 전반이 효율주의에서 벗어나 품격의 시대로 접어든 것이다. 지금 한국에서 국격을 논하는 일이 잦아진 것도 그런 시대적 필연성이 반영된 결과가 아닐까 한다.

아무리 더워도 공사장 인부는 제복을 입고, 지하철을 탄 아줌마는 서서 가는 수고를 감내하고, 공공장소에서는 휴대전화 사용을 삼가고, 아이들이 떠들면 매를 때려서라도 조용히 시키고, 정치인이 책을 들고 교양을 쌓는 일본은 분명 한국과 다른 격을 보여준다. 물론 일본인이라고 좋아서 그러는 건 아닐 것이다. 모두가 함께 발전하려면 방법이 없으니 개개인이 불편한 격식을 지키려는 것 아닐까.

선우정 연세대 사학과를 졸업한 후 조선일보 기자가 되었다. 일본 게이오대 신문연구소 방문연구원을 지냈으며, 지금은 조선일보 도쿄특파원으로 일하고 있다.
저서로 『일본, 일본인, 일본의 힘』 『21세기 경영대가를 만나다』(공저)가 있다.

아무데서나 화장 고치는 여자

윤경혜 코스모폴리탄 한국판 발행인

며칠간 중국 출장을 다녀왔다. 어딜 가든 맞닥뜨리고 싶지 않은 상황을 마주하기 마련인데, 이번에도 어김없이 그런 경우가 몇 번 있었다. 그중 하나는 숙소 근처의 특급호텔 바에 갔을 때였다. 아는 선배가 한잔 사겠다고 해서 나간 자리에서 볼썽사나운 광경을 목격하고 말았다.

우리 테이블 바로 옆 자리에서 두 남자가 마주 보며 술잔을 기울이고 있었는데, 둘의 포즈가 가히 볼만했다. 한 사람은 다리를 벌린 채 맨발을 소파 팔걸이에 걸쳐 놓고 있었고, 또 한 명은 거의 모로 누운 자세로 술을 마시고 있었다. 내가 돈 내고 술 마시는데, 나 편한 포즈로 마시는데 뭐가 대수냐고 한다면 할 말 없지만, 중국의 큰 도시, 그것도 특급호텔의 손님 태도가 저러하니 아직 좀 멀었다 싶은 생각이 들었다.

가끔 지하철이나 식당에서 식사를 마치고 나오는 남자들이 이쑤시개로 이를 쑤시며 나오는 모습을 본다. 회사 엘리베이터에 이르기까지 이어지는 이 쑤시기는 사무실 의자에 앉아서야 대단원의 막을 내린다. 엘리베이터 안에서 이쑤시개 입에 문 채 눈알을 굴리며 같이 탄 여자들을 위아래로 쳐다보는 남자들, 아니 훑어보는 남자들. 많은 여자들이 몹시 불편해하고 그 시선에 당혹스러워한다.

거리를 걷다가 툭 치고 지나가는 사람들도 절대 미안하다 말 안 한다. 어깨가 아플 정도로 나를 밀고 갔지만 휙 사라져버린다. 부딪히기만 하면 '익스큐즈 미excuse me', '스미마셍すみません'을 남발하는 외국 사람들이 보면 참 무례하다는 생각이 들 것이다.

여자들이 자칫 범하기 쉬운 실수도 있다. 식사가 끝나면 자연스럽게 거울을 꺼내고 립스틱을 바른다. 어느 나라에서는 공공장소에서 이렇게 대놓고 립스틱을 바르고 화장을 고치는 행위가 특정 직업 여자들만 하는 행동이라서 보통은 화장실이나 드레스룸 안에서 고친다고 한다. 아주 편하게 은연중에 하는 행동이 이처럼 자신의 격을 떨어뜨리는 것은 물론 다른 사람 보기에도 민망할 때가 한두 번이 아니다.

바가지 요금과 잃어버린 양복

오늘 트위터에 뜬 글도 조금 창피한 이야기였다. 한 일본인 관광객이 서울에서 겪은 에피소드를 그의 친구가 인터넷 게시판 아고라에 올렸는데, 남산에서 명동까지 택시비가 7만 원이 넘게 나왔다는 것이다. 이 금액이면 인천공항을 가도 될 법한 금액인데, 어떻게 그렇게 높은 금액이 나왔는지 의아할 뿐이라며 너무 바가지를 씌운 게 아니냐는 항의성 글이었다.

한국 택시의 바가지 요금에 대비되는 이야기가 생각난다. 일본에서 몇 년 동안 주재원으로 살다 온 선배 이야기. 어느 날 술을 마시고 귀가하다가 지하철 선반에 양복 재킷을 두고 내렸단다. 집에 가서 보니 재킷을 그냥 두고 내린 걸 알았고, 못 찾겠다 싶어 내심 마음을 접고 출근하는데 전화가 왔다. 재킷을 보관하고 있으니 찾아가라고. 지하철이 차량기지에 들어갈 때까지 재킷은 그 자리에 그대로 있었고, 역무원이 수거해서 보관했다는 것이다. 지갑을 잃어버렸을 때도 한 할머니가 바로 파출소에 갖다 줘서 금방 찾았다. 이 밖에도 도쿄에 거주하는 동안 벌어진 몇 번의 분실사건이 모두 미담으로 마무리되었다는 이야기다. 선배는 일본이라는 사회에 대해 어떤 이미지를 갖게 되었을까?

작은 에피소드들이 모여 한 지역, 한 국가의 이미지를 만든다. 따지고 보면 국가의 격도 그리 거창한 것이 아니다. 막강한 경제력이 국격을 높여주는 것도 아니다. 겉모습이 아닌 내면에 깔린 정신이 국격을 말해주고 또 높여주는 것이다. 상식이 통하는 사회, 기본이 튼튼한 사회, 국민의 평균 매너지수가 높고 좋은 태도를 가진 사람이 많은 국가가 격이 높은 국가다. 어찌 들으면 너무도 단순해서 매너와 에티켓 같은 것이 무슨 격을 만드나 할지도 모르겠다. 하지만 그 기준이 흔들릴 때 우리는 염치없는 사람들이 모여 사는 잘못된 세상을 살게 된다. 자신만 생각하고 남에 대한 배려가 없을 때 얼마나 많은 실수와 사건이 일어나는가. 그래서 양심이 중요하고 도덕심이 필요하다.

도덕심이 튼튼한 나라는 사회의 기초질서와 구성원들 간의 규범이 아주 잘 잡혀져 있다. 그리고 전체의 이익을 위한 합리적 합의도 원활히 이루어진다. 약속이 지켜지기 때문이다. 법과 규범, 공중도덕처럼 서로 지키려고 만든 사회적 약속이 잘 지켜지니 불필요한 갈등과 비용이 발생할 리 없고, 더욱 수준 높은 신뢰 사회, 공정 사회로 힘 있게 나아갈 수 있는 것이다.

매너 강국은 가정교육에서

G20 대표들이 서울에 모여 국제회의를 연다고 해서 온 나라가 떠들썩한 가운데, G20 의장국으로서의 위상에 걸맞은 시민의식을 홍보하는 영상물을 텔레비전에서 본 적이 있다. 평소 지켜야 할 우리들의 매너로 부딪히면 미안하다고 말하기, 뒷사람을 배려해서 문 열고 닫기, 너무 큰 소리로 떠들지 않기와 같은 예를 들면서 아주 기본

적인 일상 예절을 강조하는 내용이다. 정부 차원의 시민운동을 전개하는 것이다. 어떻게 보면, 정상회의를 개최한다고 국민들한테 무슨 초등학생 가르치듯 교양교육을 시키나 생각할 수 있지만, 사실은 이런 작은 것들이 모여 한 나라의 격을 만드는 법이다. 기본은 아무리 다져도 지나치지 않을 만큼 중요한 것 아닌가.

모든 캠페인의 바탕에는 매너, 에티켓, 도덕심을 고양하자는 의도가 깔려 있다. 하지만 그것이 강제성을 띠어서는 곤란하다. 마지못해 하는 것은 '눈 가리고 아웅' 하는 시늉에 그치기 쉽다. 남들이 보는 앞에서는 하는 척하다 이내 도로아미타불이 되고 만다. 어떤 변화도 기대하기 어렵다. 마음에서 우러나는 남에 대한 배려, 상대방에 대한 인격적 존중이 바탕에 있어야 진심이 통하고 매너가 살아 있는 고품격 사회를 만들 수 있다. 그러니까 고운 마음, 올바른 행동거지가 중요한 것이다. 그건 어디서 길러지는가? 바로 가정이다. 어렸을 때부터 부모로부터 받은 교육이 한 사람의 인격과 품성을 좌우한다. 세 살 버릇 여든까지 간다는 속담처럼 어린 시절에 무엇을 보고 배웠느냐가 그 사람의 일생을 인도하는 나침반이 된다. 시민의식 고양으로 글로벌 매너의 강국이 되는 지름길, 바로 가정교육에 있다.

윤경혜 이화여대 정치외교학과를 졸업하고 중앙일보에 입사, 「라벨르」「칼라」「여성중앙」 에디터를 거쳤다. 2000년 세계에서 가장 많이 팔리는 여성잡지 「코스모폴리탄」 한국판을 창간, 편집장을 역임했고, 지금은 허스트중앙 대표이사로 재직하며 코스모폴리탄 발행인을 겸하고 있다. 2009년 이화언론인상을 수상했다.
저서로 『차가운 열정으로 우아하게 미쳐라』가 있다.

대한민국의 미래와 국격

조동호 이화여대 북한학과 교수

요즘 젊은 학생들을 대하다 보면 때로 필자가 저들만 했을 시절이 떠오른다. 그러면서 드는 생각 중의 하나는 미래의 세상에 관한 것이다. 저들에게 앞으로 다가올 세상은 어떤 것일까? 저들이 우리 사회의 중추적인 역할을 맡을 20~30년 후의 대한민국은 어떤 세상일까? 아직은 젊어 무한한 가능성을 가진 저들에게 무엇을 준비하라고 말해줄 것인가?

돌이켜보면, 필자가 저들과 같은 나이였을 30년 전쯤, 앞으로 다가올 세상은 '세계화globalization'라는 단어로 축약되는 것이었다. 지금이야 인터넷 없이는 살 수 없는 세상이 되었지만 당시로서는 그런 세상을 감히 상상조차 못했다. 세계가 하나로 연결되고 실시간으로 지구 구석구석의 정보가 공유되는, 그래서 문자 그대로 '지구촌'이 된 세상. 필자가 학생이었을 때 누군가 앞으로 다가올 세상은 세계화라는 화두로 집약된다고 이야기해주었다면 필자는 나름대로 준비를 했을 것이고, 그만큼 그 이후의 필자 인생은 달라졌을 것이다.

그래서 필자는 젊은 학생들에게 이렇게 이야기하곤 한다. 앞으로 너희들이 살아갈 세상은 '통일'이라는 단어를 빼고는 생각할 수 없을 것이라고. 정치적 통일까지 이루어질지는 알 수 없지만, 남북이 하나처럼 연결된 세상이 바로 너희들이 살아갈 세상이라고. 통일은 더 이상 꿈속의 일이 아니라 바로 너희들 현실의 삶을 규정하고 있을 것이라고.

그렇다면 준비해야 할 일이다. 젊은 세대들은 그들 나름대로 준비해야 할 일이 있겠고 기성세대도 만반의 대비를 해야 하겠다. 그것은 바로 통일을 향해 남북관계를 올바르게 발전시켜 나가는 일이다.

환경은 변하는데 통일정책은…

통일은 어느 날 감이 떨어지듯 문득 찾아오는 것이 아니다. 그때까지 형성된 남북관계의 총합이다. 실제로는 갑자기 떨어지는 감도 봄, 여름을 지나며 익을 만큼 익어 떨어지는 것처럼, 아무리 급작스러운 통일이라고 해도 그만큼 주변 환경과 북한 내부의 변화가 진행된 결과일 것이다. 점진적인 통일이라면 더욱더 남북관계의 사전적인 역할이 중요하다.

당연한 이야기지만, 우리의 입장에서는 점진적인 통일이 가장 바람직하다. 반세기 이상 쌓여온 이질성이나 남북의 격차, 그리고 북한의 후진적인 체제를 고려하면 통일 이전 단계에서 동질성을 회복하고 북한이 정상적인 국가로 전환하는 데 일정한 시간이 필요하다. 이것이 도리어 통일의 비용과 부작용을 줄일 것이다. 그러므로 우리의 통일 정책은 점진적인 통일을 목표로 추진되어야 한다.

그럼에도 불구하고 통일이 급속한 형태로 전개될 가능성에 대한 준비도 한편으로 해나가야 한다. 어쩌면 지극히 상식적인 이야기고 정부의 당연한 책무이다.

그러나 그간의 우리 통일정책은 즉자적으로 현재에 대응하는 차원에 머물러 있었다. 미래를 준비하는 정책이라고 하기에는 미흡했다. 통일방안이라는 것도 1989년 노태우 대통령 시절에 마련되고 1994년 김영삼 대통령 시절에 보완된 '민족공동체 통일방안'이 전부다. 화해협력, 남북연합 단계를 거쳐 통일완성 단계로 간다는 방안이 당시에 비해 크게 변화한 북한의 내부 사정이나 남북관계, 그리고 국제환경에 비추어 과연 시의적절한 것인지에 대한 검토는 전혀 이루어지지 않고 있다. 통일방안의 첫 번째 단계인 화해협력을 달성하기 위한 구체적인 전략이 무엇이어야 하는지에 대한 국민적 합의도 없다. 그저 여러 정부를 거치면서 '기대'와 '신념'에 기초한 대북정책만이 있었을 뿐이다.

김대중과 노무현 정부의 대북정책은 우리가 지원을 하다 보면 북한이 자연스레 변화될 것이라는 순진한 희망이었고, 이명박 정부의 대북정책은 다양한 방법으로 압박을 하다 보면 북한이 할 수 없이 변화하게 될 것이라는 단순한 신념에 불과했다. 지난 시절 '퍼주기' 했다고 '안 주기' 를 하는 격이다.

'퍼주기'도 아니고 '안 주기'도 아니다

퍼준다고 변화할 북한이 아니지만, 안 준다고 변화할 북한도 아니다. 더욱이 통일을 염두에 두고 있다면, 이제는 북한을 관리해나간다는 관점을 가져야 한다. 북한 정권이 그리 쉽게 붕괴하지 않겠지만, 만약에라도 붕괴한다면 우리의 통일은 필요 이상의 혼란과 비용을 초래할 수 있다. 따라서 대북정책의 핵심은 '잘 주기' 에 두어야 한다. 정책은 가장 바람직한 시나리오인 점진적 통일을 목표로 해야 하기 때문이다.

퍼줄 것인가, 안 줄 것인가 하는 식으로 당장의 국면만을 고려한 대북정책은 미래를 설계하는 통일정책으로 승화되어야 한다. 제대로 된 미래의 청사진과 목표 없이는 현재의 정책이 효과적이기는커녕 사안에 따라 이리저리 흔들릴 수밖에 없기 때문이다.

한반도의 입체교차로를 만들자

앞으로의 통일정책은 남북의 '교량'을 건설한다는 시각에서 벗어나는 것으로부터 출발해야 한다. 북한만을 바라보는 정책으로는 발전적이고 진취적인 통일을 준비할 수 없다는 뜻이다.

사실 과거의 김대중 · 노무현 정부와 현재의 이명박 정부 모두 남북한 간에 어떻게 교량을 만들 것인가라는 수준에 머물러 있었다. 굳이 차이가 있다면 교량의 '건설방식'에 대한 차이에 불과한 것이었다. 김대중·노무현 정부는 어떤 식으로든 교량을 많이 만들자는 방식이었다. 방식이야 어떻든 많이 만들다 보면 북한이 변화할 것이라는 순진한 생각이었다. 반면에 이명박 정부는 교량의 수가 아니라 질이 중요하다는 방식이다. 무조건 많이 만들 것이 아니라 하나를 만들어도 제대로 만들어야 한다는 실용적 입장이다.

그러나 이제는 남북의 교량을 넘어 한반도의 '입체교차로'를 건설해야 할 때다. 지금까지의 단선적 시각을 복합적 네트워크로 전환해야 한다. 천안함사건에서 입증되었듯, 남북 양자의 관계만으로는 남북관계의 현안 해결조차 불가능하다. 한미동맹으로도 불충분하다. 아무리 미국이 지지한들 중국과 러시아의 협조 없이는 남북관계의 정상적 발전과 통일은 불가능하다. 그래서 주변 4강으로 통하는 주도로와 세계 곳곳으로 나가는 보조도로의 입체교차로를 만들어야 한다. 이제는 남북 간의 기본적인 도로 위에 다양한 소통 경로의 정교한 조합이 있어야 하고, 우리가 주도적으로 그것을 건설하고 조율하는 역할을 해야 한다. 남북 도로도 정부 차원의 도로만이 아니라 개인, 기업, NGO 등이 소통하는 도로가 그물망으로 엮인 것이어야 한다. 북한 당국과 주민을 분리해서 대하는 전략도 있어야 한다. 순조로운 통일을 위해서는 북한 주민의 마음을 얻어야 하기 때문이다. 그래야만 북한을 효과적으로 관리할 수 있고, 통일이 언제 오든 우리가 능동적으로 대처할 수 있게 된다.

대한민국의 미래와 국격은 통일 없이 생각할 수 없고, 순조로운 통일은 제대로 된 남북관계 속에서 온다.

조동호 서울대 경제학과를 졸업하고 동 대학원에서 경제학 석사과정을 마친 후, 미국 펜실베니아대에서 경제학 박사학위를 받았다. 한국개발연구원(KDI) 선임연구원을 시작으로 KDI 북한경제 팀장, 통일부 정책자문위원, 재경부 남북경제협력 자문위원, 외교통상부 동북아경제중심 TF 연구지원위원, 국가안전보장회의 자문위원, 대통령자문 동북아시대위원회 자문위원 등을 지내면서 정부 정책에 많은 기여를 했으며, 주요 일간지 칼럼니스트로도 활동해왔다. 현재 이화여대 북한학과 교수로 재직하면서 동아시아연구원 북한연구센터 소장, 대통령실 외교안보수석실 자문위원 등으로 활약하고 있다.
주요 연구실적으로 「통일비용 논의의 바람직한 접근」 「남북한 경제성장 전략 비교」(공저) 「이명박 정부 남북경협의 목표와 추진전략」(공저) 「남북경제 상생모델의 모색」 「한반도 평화 프로세스 : 남북경협과 남북경제공동체 건설」 등이 있다.

마추픽추에 휘날리는 태극기

박대원 한국국제협력단 이사장

잉카문명의 본고장 페루의 마추픽추. 이곳에 가려면 쿠스코라는 공항에 내려 버스를 타고 북쪽으로 약 두어 시간 정도 안데스 산악 지역을 지나야 한다. 그런데도 연간 2만 명에 달하는 한국 관광객들이 이곳을 찾는다고 한다. 그만큼 마추픽추는 우리 한국인들에게 친근감을 주는 세계적인 관광명소 가운데 하나다.

버스를 타고 쿠스코를 출발하여 30분 정도 지나면 또 하나의 낯익은 풍경이 한국인들을 반긴다. 산자락을 돌자마자 길가에 느닷없이 태극기와 페루기가 나란히 나붙은 커다란 입간판이 나타난다. 더 가까이 가서 보면 양국 국기와 함께 '환영! 한·페루 도자기 학교' 라고 쓴 글씨와 '대한민국 KOICA'라는 표시가 눈에 들어온다. 이를 처음

본 관광객들은 '저기에 왜 태극기가 있지?' 하면서 반가움 반 의아함 반으로 가보게 되는데, 이곳이 바로 우리 대한민국 정부가 무상원조로 페루의 코라오라는 마을에 세워준 도자기 학교다.

학교 안으로 들어가면 코이카KOICA·한국국제협력단에서 파견된 도자기 전문 자원봉사자들이 이 지역 농민들에게 한국식 도자기 굽는 방법을 열심히 가르치는 모습을 볼 수 있다. 학교 옆 마당에는 여기서 만든 도자기 제품과 잉카의 화려한 민속 공예품들을 전시, 판매하는 노점이 모인 시장이 있다. 마추픽추로 가는 세계 각국의 관광객들이 물건을 사느라 시끌벅적한 광경을 연출한다. 미국, 영국, 독일, 일본 등지에서 온 관광객들도 하나같이 이곳에 왜 태극기가 걸려 있는지 의아해하는데, 이내 이곳의 고급 도자기 제품들이 코이카의 도자기 학교에서 구워낸 것임을 알아차리고는 한국에 대해 경이로운 마음을 품는다.

코라오는 원래 1000명 남짓한 농민들이 살던 가난한 마을이었다. 감자나 심어 먹고 농한기에는 잉카 문양의 도자기를 만들어 마추픽추로 가는 관광객들에게 싼값에 팔아 생계를 유지하던 곳이었다. 그러나 이제는 도자기 학교 덕분에 부자 마을이 되었다. 옷과 음식이 달라지고 집집마다 텔레비전과 냉장고를 갖추게 되었다. 질 좋은 도자기를 생산하기 시작하면서 소득이 껑충 뛰었기 때문이다. 물이 새고 잘 깨지는 종전의 1달러짜리 도자기가 한국의 고려청자 기법을 만나 값이 10배나 오른 것이다.

우리 한국 관광객들은 자신이 낸 세금이 이렇게 안데스 산중의 코라오라는 마을을 변모시켜 놓은 모습을 눈으로 확인하고는 대한민국 국민으로서 뿌듯한 자긍심을 느낀다. 그러면서 선진국 사람들답게 행동 하나하나를 조심하고 배려하려는 마음가짐을 갖는다.

원조는 국부 유출 아닌 국부 창출

우리나라는 2009년 11월 25일, 부유국 클럽인 경제협력개발기구OECD의 여러 위원회 가운데 핵심 선진국 클럽인 개발원조위원회DAC 회원국에 정식 가입함으로써 공식적인 선진국이 되었다. 아직은 국내적으로 극복해야 할 여러 문제들이 있는 것도 사실이지만, 미국이나 유럽 국가들도 모두 비슷한 문제들을 안고 있기는 마찬가지다. 그러한 문제들에 너무 연연할 필요가 없다. 국제적으로 선진국임을 인정받은 현 상태에서 문제를 해결하고 격차를 해소해나가야지 이제나저제나 '선진국이 되려면 이러저러 해야 한다'는 식의 강의를 되풀이하는 것은 현실에 맞지 않다.

일부에서, 국내적으로도 어려운 사람들이 많은데 무엇 때문에 해외원조를 하느냐고 비판하는 사람들이 있다. 하지만 이는 좁은 시각이다. 우리가 가난하고 어려웠던 시절, 우리에게 아낌없는 도움을 주었던 당시의 선진국들도 국내적으로 어려움이 적지 않았다. 그럼에도 불구하고 그들은 우리를 도와주었고, 그들의 도움 덕분에 우리나라는 빠른 발전을 도모할 수 있었다. 그리고 이제는 거꾸로 우리의 발전이 그들에게 덕이 되어 돌아가게 되었다. 바로 원조의 선순환이다. 이것을 간과하면 안 된다.

아직도 지구촌에는 하루 1달러 미만으로 살아가는 극빈층이 수두룩하다. 우리가 도움을 받아 잘살게 되었듯, 우리도 그들을 도와야 한다. 페루의 도자기 학교에서처럼 우리의 도움이 그들의 소득증대를 불러온다. 그러면 생활수준이 나아지면서 가전제품의 수요도 많아진다. 자연 우리의 도움을 받은 그들은 한국산 제품을 구매하게 된다. 경제적으로도 원조는 반드시 국부의 유출만은 아닌 것이다. 원조액의 몇 배에 달하는 이익이 발생한다는 연구결과도 있다.

우리 한국은 그 어떤 나라보다 좋은 원조 조건을 갖추고 있기도 하다. 우리에게는 짧은 기간에 가난과 질병을 벗어던졌을 뿐만 아니라 모두가 인정하는 세계 경제대국으로 우뚝 서는 과정에서 터득한 우리만의 특별한 개발 경험이 있다. 지난 50여 년간 아프리카에 쏟아부은 선진국들의 원조비가 그다지 큰 효과를 보지 못한 것은 무엇 때문일까? 여러 가지 이유가 있겠지만, 사람들의 자포자기 의식을 가장 큰 이유로 꼽지 않을 수 없다. '우리는 안 돼' '우리는 할 수 없어' 하는 사람들에게는 어떤 지원도 쓸모가 없다. 이럴 때 그들과 같은 처지에 있던 한국이 자타가 공인하는 선진국이 된 이야기는 그 어떤 것보다 큰 자극이 되고, 할 수 있다는 자신감을 불러일으킬 수 있는 것이다. 실제로도 그들은 미국이나 일본 같은 선진국들에 없는 경험과 정신을 가진 한국의 원조를 절실히 원하고 있다.

원조할수록 국격도 커진다

코이카는 대한민국 정부의 해외 무상원조 전담기관이다. 예전에 우리가 그랬던 것처럼 잘살아보겠다는 개발도상국들의 여망에 동참하여 그들의 편에 서서 우리의 성공 경험을 나누어주고 질병 없이 잘사는 나라로 만들어주는 역할을 하고 있다.

원조활동은 크게 5가지로 구분된다. 첫째는 병원, 학교, 직업훈련원, 정보센터 등을 세워주고 농어민의 소득증대를 위한 농·어업기술을 지원하는 활동이다. 둘째는 개발도상국가의 중견급 공무원들을 한국에 초청하여 행정제도, 농업, 수산업, 정보통신, 의료, 성 평등, 녹색성장 등 각 분야의 전문인력으로 양성하는 연수생 초청사업이다. 연간 5000여 명을 초청하고 있다. 셋째는 한국 전문가들을 직접 개발도상국가에 파견하여 현지인들을 훈련시키는 사업이고, 넷째는 자원봉사자 파견이다. 현재 약 1500여 명이 해외의 오지에서 주민들의 생활을 향상시키기 위해 땀을 흘리고 있다. 다섯째는 지진, 홍수 등 자연재난에 대한 긴급구호 활동이다. 인천공항의 코이카 창고에 긴급 구조대들이 즉시 가지고 나갈 수 있도록 텐트나 의약품, 비상식량 등을 비축해두고 있다.

1970년대 초까지만 해도 세계 최빈국의 하나로 해외원조를 받아

연명하던 나라가 어느새 이렇게 커서 그때 받은 그대로를 아프리카나 동남아, 중남미 등 가난한 나라에 되돌려주는 나라가 되었는지 감개무량하다. 우리 한국은 기적의 나라임에 틀림없다.

한 국가가 원조 수혜국에서 공여국으로 위상이 변모한다는 것은 그 자체로도 큰 의미가 있지만, 자국의 국민들에게 무한한 자긍심을 심어준다는 면에서 더 중요한 가치를 지닌다. 코라오의 도자기 학교를 본 한국인들이 그렇듯이, 자긍심을 느낀 국민은 사고와 행동이 이전과 확연히 달라진다. 일류국가의 국민답게 품격이 더해진다. 이는 결국 그 나라의 격을 높이는 결과를 낳는다. 원조활동이 국격을 높인다.

박대원 1947년 경북 포항 출생. 1974년 연세대 정외과를 졸업하고 그해 외무고시에 합격했다. 프랑스 파리행정대학원에서 수학했으며 프랑스, 스위스 제네바(UN), 모로코, 캐나다(토론토 총영사), 알제리(대사)에서 근무했다. 알제리 대사 시절에 쓴 프랑스어판 『L' Algerie 2028, Le Defi Relevee(알제리 2028, 부자나라 부자국민)』가 알제리 최고 저술상을 받기도 했다. 이명박 대통령후보 외교특보와 당선인 의전보좌역을 지냈다. 2008년 한국국제협력단 총재(이사장)로 취임하여 현재에 이른다.
저서로 『동아시아 외교사』 『알제리 2028, 부자나라 부자국민』이 있다.

한식, 음식에서 문화로

정운천 한식재단 이사장

21세기 들어 '웰빙'이 세계적 트렌드로 정착되면서 음식문화에도 변화의 바람이 일고 있다. 간편함과 표준화를 무기로 세계의 식탁을 점령한 서양 음식이 많은 문제점을 노출하면서 조화와 균형을 맞춘 동양 음식에 대한 관심과 수요가 급증하고 있다. 그 중심에 바로 우리 발효식품이 자리 잡고 있다.

패스트푸드fast food로 특징지어지는 육류 중심, 인스턴트 중심의 서양 음식은 짧은 시간에 높은 칼로리만 공급한다. 이로 인해 몸이 비대해지고 고혈압이나 당뇨 같은 성인병에 쉽게 노출된다.

미국의 경우 국민의 60~70%가 비만이다. 성인병을 앓고 있는 국민이 전체의 30%를 넘는다. 국가 재정이 의료비용을 감당하지 못할 정도다. 유럽 각국도 정도의 차이가 있을 뿐 비만과 성인병이 중요한 사회문제로 대두되고 있다.

이와 같은 문제를 해결하기 위해 세계 각국이 주목하고 있는 것이 바로 우리 발효식품이다. 웰빙식품이자 다이어트식품인 한식에서 비만과 성인병을 극복할 돌파구를 찾고 있다.

「뉴욕타임스」도 인정한 세계인의 건강식

한식은 대표적인 발효식품이다. 간장, 된장, 고추장, 김치, 젓갈 등의 전통식품은 자연 속에서 발효시켜 만든 슬로푸드slow food로, 최고의 건강식품이다. 발효의 기초가 되는 천일염 또한 지수화풍地水火風과 더불어 빚은 순수한 자연식품이다.

특히 한식은 장기간의 숙성을 통해 우리 몸에 필요한 각종 유산균까지 생성한다. 음식을 살아 있는 미생물체로 만드는 것이다. 그러니 한식을 먹으면 영양과 칼로리뿐 아니라 각종 유산균까지 공급받는다. 많이 먹어도 살이 찌지 않고 활동성이 좋은 이유가 여기에 있다. 새롭게 부각되는 엔자임효소 시대의 대표적 아이콘이 바로 한식이다.

서양의 유수 언론과 관련 기관에서도 한식의 우수성을 인정하고 있다. 「뉴욕타임스」는 원기를 불어넣는 건강하고 개성 있는 음식으로 한식을 소개했고, 세계보건기구WHO에서도 영양을 고루 갖춘 모범식이라고 극찬했다. 세계적인 건강잡지 「헬스」는 김치를 세계 5대 건강음식으로 선정했다. 된장, 고추장에 대한 관심 또한 점점 높아지고 있다. 한식이 한국의 전통음식을 넘어 세계인의 건강과 영양을 책임질 대안으로 부각되고 있다.

이러한 시대적 흐름에 따라 필자는 농식품부장관으로 재직 중이던 지난 2008년 한식 세계화사업을 시작했다. 지식경제부구 산업자원부에서 40년 동안 광물로 분류해 천대받던 천일염을 농식품부로 이관해 기초식품으로 육성했다. 천일염을 기반으로 하는 된장, 간장, 고추장 김치, 젓갈을 5대 발효식품으로 지정하고 세계 명품음식으로 육성하기 위한 사업을 시작했다.

광우병 파동의 책임을 지고 필자가 물러난 뒤에도 정부는 한식 세계화사업을 지속적으로 추진했다. 대한민국 식품대전인 코리아푸드 엑스포를 개최해 국내외에 한식을 널리 알렸고, 한식 메뉴의 표준화 등 세부사업에도 박차를 가하고 있다. 2010년 3월에는 한식 세계화를 주도할 민관합동기구로 한식재단을 설립했다. 필자 또한 한 사람의 야인으로 일련의 사업 추진에 힘을 보탰으며, 지금은 한식재단의 이사장을 맡아 실무를 총괄하고 있다.

한식 세계화는 신 르네상스 운동

한식을 명실상부한 글로벌 음식으로 만들기 위해서는 정부의 적극적인 지원과 더불어 전략적인 접근이 필요하다. 삼성경제

연구소에서는 그것을 3C로 표현했다.

첫째가 'Casual간편하게'이다. '한식'이라고 하면 상이 넘치도록 차려내는 한정식의 이미지가 떠오른다. 바쁜 일상에 쫓기는 현대인들과는 괴리감이 느껴진다. 햄버거 같은 패스트푸드는 아니더라도 쉽고 간편하게 먹을 수 있는 방향으로 메뉴 개발과 이미지 개선이 필요하다. 국제기내식협회에서 최고의 기내식으로 선정한 비빔밥이 좋은 사례다. 형식의 틀을 깨고 메뉴의 틀을 깨면 한식은 누구나 즐길 수 있는 대중음식이 될 수 있다.

둘째는 'Culture문화를 담아서'다. 입맛은 짧지만 문화는 길다. 한국 고유의 문화를 입히면 한식은 단순한 음식이 아니라 하나의 문화상품이 된다. 음양오행, 약식동원藥食同源 등 한식의 철학을 접목시킨 스토리텔링 개발, 한국식 실내장식과 복장 등의 분위기 연출을 연계하면 한식은 한국의 문화를 전파하는 전령사 역할까지 겸할 수 있다. 농식품부와 CJ엔터테인먼트가 공동기획한 비밥코리아비빔밥 만들기를 줄거리로 하는 마임, 비트박스, 비보이 공연 또한 그 방향을 제시해주고 있다. 전통을 담고, 스토리를 담고, 재미를 담으면 한식은 먹거리를 넘어서는 문화상품이 된다.

그리고 셋째가 'Customize고객에 맞춰서'다. 입맛은 민족마다 다르고, 국가마다 다르다. 한식이 한국인의 음식을 넘어 세계인의 음식이 되기 위해서는 그들 각각의 입맛에 맞게 변신해야 한다. 세계인이 즐겨 먹는 메뉴를 가미한 퓨전음식 개발, 현지인들의 식습관을 반영한

식문화 개발 등의 노력이 뒤따라야 한다. 식사 중 문화를 즐기는 프랑스인들의 식습관에 맞춰 한식을 코스 요리로 개발한 파리의 한식당이 롤모델 역할을 하고 있다. 현지인들의 입맛을 배려하고 습관을 배려하면 한식은 그들에게 익숙한 그들의 문화로 자리 잡을 수 있다.

한식은 단순한 음식이 아니다. 자연과 건강 외에도 한식에는 5000년의 역사가 있고, 민족의 얼이 있고, 고유의 문화가 있다. 이를 적극적으로 개발해 지구촌의 대표 브랜드로 만들어 가자는 것이 한식 세계화사업이다.

그러므로 한식 세계화는 단순한 음식 개발 운동이 아니다. 식품산업 진흥 운동도 아니다. 음식을 통해 자연과 건강, 전통과 문화를 새롭게 재건하자는 한국형 신新 르네상스 운동이다. 이 운동이 성공할 때 우리의 국격은 저절로 높아질 것이다.

정운천 고려대 농업경제학과를 졸업했다. 한국참다래협회 창립과 한국참다래 유통사업단 설립을 주도했다. 참다래전국연합회 회장, 한국농산물 산지유통센터연합회 회장, (사)한국신지식농업인회 회장을 역임했다. 새농민상, 철탑산업훈장, 대산농촌문화상 본상, 농어업인 대상 등을 수상하고, 농림수산식품부장관을 지냈으며, 지금은 한식재단 이사장을 맡고 있다.
저서로 『박비향』 『거북선농업』이 있다.

작은 친절이 큰 나라를 만든다

강명옥 한국국제개발연구소 이사장

21세기 들어 우리 대한민국의 위상이 더욱 상승세를 타고 있다. 세계 200여 국가들 가운데 중심국가로서의 위치를 확고히 한 것은 물론, 경제와 문화 등 다방면에서 세계인들을 깜짝 놀라게 하는 성과들을 속속 선보이고 있다.

우리는 20세기 중반부터 경제 발전에 박차를 가해 '한강의 기적'을 이루었고, 지금은 세계 GDP 순위 10위~15위를 달리고 있다. 경제뿐만 아니라 문화적으로도 아시아를 넘어 세계인의 마음을 사로잡고 있다. 가요와 드라마, 영화 등을 중심으로 형성된 '한류'로 일본, 중국, 동남아시아를 휩쓸고 다시 중동, 미국 등으로 널리 퍼져나가고 있다. 영국의 대영박물관을 비롯한 세계 유명 박물관에서 한국어 서비스를 받을 수 있게 되었고, 글이 없는 인도네시아의 한 부족인 찌아찌아족이 한글을 공식문자로 채택하기도 했다. 우리의 고유 음식인 비빔밥과 김치도 관광객들의 호응과 한식의 세계화에 힘입어 세계인의 음식이 되어가고 있다. 국력을 단적으로 보여주는 스포츠 분야 역시 올림픽과 월드컵 등에서 발군의 성적을 기록하고 있다. 대한민국 역사상 유례없는 존재감을 드러내고 있는 것이다.

열정이 낳은 기적

오늘날의 대한민국은 여러 가지 요인이 복합적으로 작용한 결과다. 그중에서도 한국인의 '열정'이 무서운 힘을 발휘했다. 6·25 전쟁 후 폐허가 되다시피 했던 상태에서 국제사회의 지원을 경제 발전에 쏟아부은 리더십과, 잘살아보겠다는 일념으로 저임금을 감내하며 경제 성장의 버팀목이 된 한국인들의 열정이 기적 같은 일을 해낸 것이다.

일에 대한 열정뿐만 아니라 자녀교육에 대한 열정 역시 대단한 것이었다. 못 입고 못 먹어도 자식만큼은 제대로 키우겠다는 일념으로 자녀교육에 모든 것을 투자했다. 자원과 자본이 빈약한 나라에서 교육에 대한 열정은 '꿈을 이룰 수 있다'는 희망과 함께 약점을 딛고 일어설 수 있는 강력한 에너지가 되었다. 그 짧은 기간에 산업화와 민주화를 동시에 이룰 수 있었던 배경에는 이와 같은 에너지가 끊임없이 작동하고 있었다. 우리와 비슷한 조건에서 똑같은 지원을 받았던 저개발국가들이 여전히 부정부패와 낙후한 시스템 등으로 제자리걸음을 하고 있는 것을 보면서 한국인의 열정이 지닌 힘을 다시금 절감하게 된다.

현재 한국인의 열정은 또 다른 곳에서 빛을 발하고 있기도 하다. 높아진 국가적 위상에 걸맞게 개발도상국가들의 발전에 남다른 기여를 하고 있는 것이다.

이미 1991년 외교통상부 산하에 설립된 한국국제협력단KOICA을 중심으로 교육, 보건의료, 행정제도, 농촌 개발, 정보통신, 산업에너지, 환경 등의 분야에서 각종 지원과 협력 사업을 힘차게 전개해왔으며 앞으로도 더욱 왕성한 활동을 벌일 계획이다. 현재 약 5000명의 해외봉사단원들이 지구촌 곳곳에서 땀방울을 흘려가며 해당 지역과 국가를 위해 열정적으로 일하고 있다.

단일민족의 열정 위에 다른 민족에 대한 배려를

한국인들의 열정이 이룬 오늘의 대한민국은 그 자체로 자랑스러운 모델이다. 하지만 여기서 멈출 수는 없다. 세계의 중심국가로 우뚝 서서 인류의 공존과 평화, 발전을 선도해야 한다. 그러기 위해서는 우리 안의 열정과 또 다른 한국인의 품격을 발휘할 필요가 있다.

한국인과 한국을 경험한 외국인들이 공통적으로 이야기하는 것이 있다. 그것은 다른 사람들을 배려하는 한국인들의 '친절과 예의'다.

예로부터 한국은 '동방예의지국'이라 일컬어졌다. 찾아온 손님들에게는 누구한테나 정성을 다해 대접하는 한국의 아름다운 전통을 두고 한 말이다. 살림이 넉넉하건 넉넉하지 않건 우리 한국인들에게는 손님에 대한 기본 예절이 있었다. 그러한 전통이 현대화된 오늘날에도 살아남아 많은 외국인들에게 감동을 주면서 그들을 한국의 친구로 만들고 있다. 앞으로도 이런 아름다운 전통은 더욱 계승, 발전시켜 나가야 한다.

이와 함께 재고해보아야 할 것이 있다. 바로 우리 사회 내부에 깊이 뿌리박힌 '단일민족' 개념이다. 이미 우리는 민족과 인종, 국가를 뛰어넘어 세계인이 함께 어우러지는 세상에 살고 있다. 지구촌 사람이라면 누구나 기회를 찾아 어디든 달려가는 시대가 되었다. 우리가 '아메리칸 드림'을 꿈꾸며 미국을 찾았듯이, 지금은 '코리안 드림'을 꿈꾸며 한국에 들어오는 이들이 폭발적으로 늘어났다. 취업과 국제결혼을 통해 입국한 외국인의 수가 120만 명에 달하고 있다. 이들은 한국을 알기 위해, 한국에서 정착하기 위해 한국어와 한국 문화를 익히는 데도 열심이다. 한국은 어느덧 다문화 사회가 되어가고 있다. 이런 상황에서 '단군의 자손'임을 강조하거나 외국인에 대한 배타성을 드러낸다면 어떻게 되겠는가.

몇 년 전 유엔은 더 이상 교과서에 단일민족이라는 표현을 싣거나 관련 교육을 하지 말아줄 것을 한국 정부에 정식으로 요청한 바 있다. 인적·물적 교류가 활발한 세계화 시대의 자연스러운 산물인 다문화 사회에서 편견과 차별을 조장할 수 있는 교육에 대해 우려의 시선을 보낸 것이다.

과거 우리나라가 힘없고 가난했을 때 우리 조상들은 생존을 위해 이 땅을 떠나 중국으로, 러시아로, 중남미로, 미국으로 향했다. 일제 강점기에도 징용과 징병으로 수많은 한국인들이 일본과 만주로 가야 했다. 거기서 설움 많은 이방인으로 온갖 고생을 참아내며 살았다. 생각만 해도 가슴 아픈 역사가 아닐 수 없다. 그렇게 조국을 떠났던 우리 동포가 지금은 전 세계 700만 명에 달한다.

다시는 그런 고통과 야만의 역사를 되풀이하지 말아야 한다. 아니, 평화로운 공생의 새로운 역사를 만들어가야 한다. 그러려면 우리 스스로가 좀 더 개방적이고 진취적인 문화를 일궈나가야 한다. 친절과 예절을 다함으로써 한국을 찾는 외국인들에게 동방예의지국으로서의 면모를 보여주고, 약자와 소수를 존중함으로써 다문화 사회 속에서 함께 살아가는 지혜와 배려를 실천해야 한다.

친절과 배려는 우리 대한민국이 복잡한 대내외적 환경을 아우르며 성숙하고 품격 있는 나라로 가기 위해 갖춰야 할 가장 믿음직한 덕목이다. 손님에게 친절을 베풀고 이웃을 배려하는 우리의 오랜 전통이 만개하여 외국인들, 다문화 가정들, 귀국동포들, 탈북이주민들에게 힘과 위안으로 다가갈 수 있다면, 대한민국은 명실공히 배우고 싶은 나라에서 살고 싶은 나라가 될 것이다. 그 위대한 역사의 시작은 '작은 친절'이다.

강명옥 1959년 서울 출생. 이화여대 영문과를 졸업하고, 경희대에서 석사학위를, 연세대에서 정치학으로 박사학위를 받았다. 현대중공업 근무를 시작으로 한국국제협력단(KOICA) 팀장, 유네스코 아시아·태평양 국제이해교육원 기획행정실장, 국가인권위원회 국제협력담당관, 2011 대구 세계육상선수권대회 유치위원회 국제협력담당관 등을 거쳐 현재 (사)한국국제개발연구소 이사장으로 활동하고 있다.
저서로 『글로벌시대의 이해와 국제매너』, 주요 논문으로 「북한인권과 국제사회」 등이 있다.

나눔,
좋은 삶 좋은 세상을 꿈꾸는 일

윤정숙 아름다운재단 상임이사

"나눔은 지갑을 열기 전에 마음을 나누는 것이다"라는 말이 있습니다. 마음을 열고 사는 일, 그것이 바로 나눔입니다. 가진 것이 많아야만 하는 일도, 큰 결심을 요하는 일도 아닙니다. 가난하고 상처받은 이웃들에게 작은 희망이 되고 싶은 마음만 있다면, 좀 더 따뜻하고 정의로운 세상을 만들겠다는 꿈이 있다면, 나의 삶과 일에서 진정한 행복을 추구하려는 뜻만 있다면 누구나 가능한 것이 기부이고 나눔입니다.

벌써 10년 전의 일입니다. 아름다운재단이 '1% 나눔운동'을 시작했습니다. 기부는 부자들이나 하는 특별하고 어려운 일이라고 생각하는 분들에게 가진 것 100개 중에서 1개를 이웃과 세상을 위해 내어놓자는 캠페인을 벌였습니다. 반드시 돈이 아니더라도 재능, 전문지식, 시간 같은 무형의 자산을 누구든 마음만 먹으면 나눌 수 있다고 이야기했습니다. 참으로 많은 분들이 함께했습니다.

"그냥 내가 가진 걸 조금이라도 나누면 내가 편할 것 같아서, 내가 제일 기쁠 것 같아서"라며 10년째 꾸준하게 인세를 기부하는 신경숙 작가, 속옷을 기워 입으며 알뜰히 모은 전 재산을 보육소를 퇴소한 아이들 장학금으로 내놓으신 위안부 김군자 할머니, 먼저 세상을 떠난 열 살 딸아이를 추모하며 매년 딸의 기일에 맞춰 기부하는 젊은 부부, 구두를 닦아 번 돈을 보내는 아저씨, 장애연금의 일부를 감사와 기쁨으로 나누는 아주머니, 월드컵 시즌 동안 힘찬 함성의 힘으로 '나눔베팅'에 참여한 많은 시민들…. 그런가 하면 아이의 생일, 부부의 결혼, 부모님의 생신을 축하하며 매년 정성을 보내오는 분들도 있고, 어린이날이나 스승의 날에 선생님과 아이의 이름으로 혹은 승진과 은퇴를 기념하여 성금을 기탁하는 분들도 있습니다. 그분들은 하나같이 "행복할 기회를 주어 고맙다" "내가 더 기쁘고 감사하다"며 좋아합니다. 나눔으로 삶의 향기를 더해가는 사람들입니다.

한 분 한 분이 삶의 마디마디에 서린 기쁨과 슬픔, 가벼움과 무거움, 진지함과 경쾌함의 순간들을 돌아보며 누군가를 위해 작지만 큰 마음으로 나눔을 실천하는 사연은 모두가 감동이고 희망입니다. 그래서 1% 나눔은 어느덧 세상에서 가장 크고 아름다운 1%가 되었습니다. 이렇듯 보통 사람들의 작은 나눔이 모여 큰 희망을 만드는 일이 바로 '소시민의 저력'이고 '나눔의 민주화'입니다. 세상을 바꾸는 힘은 함께 나누는 '좋은 시민들'에게서 나오기 때문입니다.

나눔이 사회의 격을 결정합니다

나눔은 준 것보다 더 큰 기쁨으로 내게 돌아옵니다. 살면서 나의 도움이 누군가의 삶에 힘이 되고 더 나아가 아름다운 변화를 일으킨다면, 그보다 더 크고 깊은 충만감도 없습니다. 자신의 울타리를 넘어 이웃을 어루만지고 보살피는 나눔의 과정에서 그 사람의 삶은 기쁨으로 빛나고 풍요로움으로 가득 차게 됩니다. 법정 스님은 "이웃에 대한 보살핌은 자선이 아니고 보시가 아니라 자기를 확대하는 것"이라고 말씀하셨습니다. 이처럼 나누는 사람의 삶이 넓어지고 깊어지는 것이야말로 나눔이 주는 가장 큰 보상이자 선물일 것입니다.

나눔은 또한 저울입니다. 나눔은 한 사람의 삶의 가치를, 나아가 한 사회의 격을 저울질해주는 지표입니다. 나눔은 그저 주는 행위가 아니라 그 안에 배려, 보살핌, 연대와 협력의 가치를 담고 있기 때문입니다. 다른 사람의 삶과 고통에 마음을 열고 함께하고 싶다는 사람이 많을수록, 나눔을 특별한 일로 생각하기보다 각자의 생활 속에서 당연하고 자연스러운 일상의 문화로 받아들이는 사람이 늘수록 그 사회의 격도 함께 높아집니다. 『왜 세상의 절반은 굶주리는가』를 쓴 기아문제전문가 장 지글러는 서로가 서로를 보살피고 책임져주는 사회만이 미래가 있다고 했습니다. 보살핌, 나눔과 공존의 가치가 사람들의 생활 속에 뿌리내린 사회만이 삶의 희망이 있다고 말입니다.

1% 나눔과 부유층 기부약속운동

보통 사람들의 1% 나눔과 더불어 부유층의 기부문화는 한 사회의 격을 높여주는 또 하나의 결정적 요소입니다. 2010년 6월 빌 게이츠와 워런 버핏은 '기부약속운동The Giving Pledge'을 시작했습니다. 억만장자들에게 재산의 절반을 기부하자고 나선 것입니다. 부자들의 나라에서 상속세 폐지를 반대하여 세상의 부자들을 놀라게 했던 그들의 기부운동은 다시 한 번 세상을 깜짝 놀라게 했습니다. 미국을 넘어 세계의 부자들에게 가진 자의 책임과 도덕을 따끔하게 일깨워주었습니다. 이미 재산의 99% 기부를 약속한 그들은 "가진 사람일수록 한 사회에 대해 보다 큰 책임을 져야 한다"고 역설합니다. 빌 게이츠는 "많은 재산을 가진 것이 기쁜 일이지만, 또한 그것을 지혜롭게 잘 쓰는 일 또한 중요하다"면서 "이러한 가치관을 가르쳐준 부모님께 감사하며, 아이들에게도 좋은 모범이 되기를 바란다"고 말했습니다. 이에 공감한 적지 않은 억만장자들이 기부약속운동에 뛰어들었습니다. 그들은 자신에게 부의 기회가 주어진 것이 큰 행운이라고 말하면서 성공한 사람들이 사회에 대한 책임감을 갖고 사회 환원에 앞장서야 한다고 역설했습니다. 빌 게이츠와 워런 버핏의 기부운동이 마침내 세계 억만장자들의 생각을 바꾸고, 세상을 바꾸게 되었습니다.

기부약속운동은 성공한 사람들의 존경과 명예의 원천이 돈이나 권력이 아닌, 나눔의 철학과 실천에 있다는 사실을 직접적으로 증언합니다. 부자들이 부의 대물림에서 부의 사회 환원으로, 혼자가 아닌 함께 사는 사회로 가치의 중심을 옮길 때 사회가 진정으로 건강한 생명력을 유지할 수 있음을 분명하게 보여줍니다.

부유층의 기부는 실로 중요합니다. 그동안 우리 사회에서 시민들의 '1% 나눔'이 기부문화의 한 기둥을 차지했다면, 이제는 부유층의 기부가 또 하나의 기둥으로 서야 합니다. 이 두 개의 기둥이 바로 세워지고 균형을 이룰 때 따뜻하고 정의로운 공동체가 실현될 것이고, 부가 존경과 명예의 상징이 될 것입니다. 부와 권력을 가진 사람들이 가진 것 없는 사람들의 어려움과 고통을 헤아릴 때, 나눔을 가진 자의 당연한 책임으로 생각할 때 존경과 명예가 따르게 될 것입니다. 가까운 예로 가문 대대로 나눔을 실천함으로써 명문가의 덕목을 일깨워준 경주 최부자가 있습니다. 평생 일군 재산을 사회에 환원한 유일한 유한양행 창립자와 정문술 미래산업 창립자, 그리고 서성환 아모레퍼시픽 회장 같은 분들도 있습니다. 잘 버는 일도 중요하지만 잘 쓰는 일이 더 중요하고 가치 있다고 생각하고 실천하신 분들입니다. 우리는 그분들을 오래 기억할 것입니다.

성공의 신화를 넘어 나눔의 신화로

재산을 자식에게 고스란히 물려주는 일은 자식이 최선을 다해 자신의 인생을 사는 것을 막는 일이라고, 부자로 죽는 것은 불명예스러운 일이라고 말한 사람이 있습니다. 철강산업의 신화를 쓴 앤드루 카네기입니다. 하지만 이제 그는 '철강왕'으로 성공한 기업인이 아닌 '자선의 대부'로 존경받는 위인이 되어 사람들의 마음속에 남았습니다. 만약 그가 성공에 안주한 인물이었다면 어땠을까요? 누가 그를 오랫동안 기억하고 존경했을까요? 부의 대물림을 넘어 사회적 되돌림을 생각하는 부자가 정말로 큰 부자입니다. 그런 부자들이 많은 사회, '나눔의 신화'가 '성공의 신화'보다 더 주목받는 사회, 잘 번 사람보다 잘 쓴 사람들을 더 칭찬하고 기억하는 사회가 미래를 말할 수 있습니다. 현재의 나눔이 미래의 희망이 되는 것입니다.

이제 기부는 몇몇 특별한 철학을 가진 분들만의 행위가 아니라 부를 키워온 모든 분들에게 삶의 철학이자 사회적 응답이 되어야 할 것입니다. 한 사람의 성공은 그것을 가능케 한 사회적 기회와 시스템, 그리고 함께한 사람들이 있었기에 가능했습니다. 그럼에도 불구하고 모든 것을 자신의 공으로 돌리는 사람들이 있습니다. 그들에게 나눔은 단지 과시적 기부이거나 준조세 혹은 면책적 수단일 뿐입니다. 그런 식의 기부는 아무리 액수가 많아도 존경과 감동을 일으키지 못합니다. 진정성이 없기 때문입니다. 액수의 많고 적음보다 더 중요한 것은 기부하는 사람의 마음입니다. 나누는 마음이 사람을 빛나게 합니다.

나눔은 누구나 누릴 수 있는 가장 큰 기쁨이요, 나와 세상을 바꾸는 변화의 다른 이름이요, 누구든지 존중받는 따뜻한 세상을 꿈꾸는 일입니다. 그 꿈을 포기하지 않는 마음입니다. 이와 같은 마음들이 하나 둘 모여 서로를 보살피는 심성을 가진 사람이 많은 사회, 지금 딛고 선 자리에서 가진 것의 일부를 이웃과 사회에 기꺼이 내어놓는 사람이 많은 사회를 만듭니다. 그런 사회가 우리가 지향하는 품격 있는 사회입니다.

윤정숙 이화여대 사회학과를 졸업했다. 한국여성민우회 창립회원으로 여성운동을 시작한 그는 1990년대 한국 여성운동의 핵심 일꾼이었다. 영국 유학 후 한국여성민우회 대표 등을 거쳐 지금은 아름다운재단 상임이사로 '나눔운동'을 생활문화로 정착시키는 일에 매진하고 있다.